すぐ使える！

ワークシートで
コミュニケーション
教育

小林昭文 著

「主体的・対話的で深い学び」の基盤をつくる

ほんの森出版

まえがき

　この本では、子どもたちのコミュニケーション能力を高める「ワークシート」を数多く紹介しています。ここでいうワークシートは、単に「書き込み欄がある用紙」という意味ではありません。子どもたち（児童生徒・学生）に「主体的・対話的で深い学び」を実現するプログラムやファシリテーション・スキルを埋め込んだ用紙になっています。つまり、紹介するのは「ワークシートを用いたグループワーク」ということです。

　この本で紹介する「ワークシートを用いたグループワーク」には、以下のような4つの特長があります。
　まず1つめは、「1人で書けば終わり」ではなく、必ず「対話的な学び」が起きるような仕組みにしています。そして、その構造が「主体的な学び」を促進します。
　2つめは、カウンセリング、コーチング、メンタリング、キャリア・カウンセリング、構成的グループエンカウンター（SGE）、プロジェクト・アドベンチャー（PA）などの理論やスキルを取り込んだワークシートだということです。実施する先生がそれらの理論・スキルに習熟していなくても、例えば教員初心者でも、この本で紹介してあるワークシートを用いることでベテランのスキルを使うことになります。
　3つめは、「準備が簡単」ということです。そもそも私は、自分自身の仕事の効率化のためにワークシートをつくっていました。また、職場の同僚に提供するときも、こまごまと説明する必要がなく、ワークシートを渡せばすむように工夫していました。学年のキャリア教育用のプログラム開発を担当していたときのモットーは、「（担任が）10分で準備して、50分の授業ができる」ワークシートをつくることでした。
　4つめは、安全であるということです。クラスの中にはさまざまな子どもたちがいます。その状況を無視して全員に同じワークを無理強いすれば、いろいろな問題が生じます。この本で紹介する「ワークシートを用いたグループワーク」は、私自身と仲間たちが繰り返し使って安全性を確かめているものばかりです。どうぞ安心してお使いください。

　そして、紹介するワークシートの使用範囲は、「担任の仕事」に限定しまし

た。ただし、その効果はキャリア教育、生徒指導、授業改善などに及ぶように計画してあります。さらに、先生にとっても子どもたちにとっても、「主体的・対話的で深い学び」を教科の授業で実現するための準備やトレーニングになります。もう少し具体的に述べると、以下の４点になります。

①使用する場面としては、担任としてクラスの子どもたちと接するときです。つまり、学活やロング・ホームルーム、短学活やショート・ホームルーム、総合的な学習の時間・総合的な探求の時間、キャリア教育の時間、掃除の時間、二者面談や三者面談、保護者会、家庭訪問、などです。

②ねらいとしては、新年度の「クラス開き」、子どもたち同士の人間関係づくり、子どもたちと担任の人間関係づくり、進学や就職に向けての進路探索、遅刻指導などの基本的生活習慣の立て直しなどを通して、子どもたちのコミュニケーション能力を高めていくことです。子どもたちは「クラス内が安全安心な場」であることを確認し、ペアやグループで対等に話したり聞いたりするのがうまくなっていきます。

③そうやって高まったコミュニケーション能力が、教科の授業での「グループワークによる学びの質を高める」ことにつながっていきます。

④さらに、このワークを指導する担任は、教科の授業で必要なファシリテーターとしての振る舞いの基礎を身につけることになります。

　ワークシートの使い方の解説も工夫してあります。特に第１章では「座席表づくり＆担任自己紹介」を実況中継風に解説してみました。私が実際に使うときに、何を考え、何を意図して、どう活動しているかを具体的に紹介しています。これは、ファシリテーション・スキルの理解に役立つことをねらってのことです。

　この本の最も簡単な使い方は、ワークシートをそのままコピーして使うことです。Ａ４サイズに拡大コピーすると、使いやすいと思います。また、ほんの森出版のホームページの本書の紹介コーナーから、ワークシートをダウンロードできます。ワークシートはワード・一太郎・ＰＤＦのファイルをアップロードしてありますので、現場の状況や、ご利用になる先生たちの好みに応じてアレンジ可能です。いろいろな工夫をしてお使いください。

　それでは、始めてみましょう！

　担任の仕事量が減って楽になり、クラスの子どもたちが喜ぶから楽しくなり、学びの質が高まり、授業の腕も上がります。どうぞ、お楽しみください！

＊本書には『担任ができるコミュニケーション教育─中高校用プログラムとシナリオ例』（小林昭文著、ほんの森ブックレット、2004年）をベースにした部分があります。

2018年５月　　　　　　　　　　　　　　　　　　　　　　　　　小林　昭文

すぐ使える！ワークシートでコミュニケーション教育
「主体的・対話的で深い学び」の基盤をつくる
contents

まえがき … 2

第1章
実況中継で解説！ 座席表づくり＆担任自己紹介

第1節　2つのワークシートの紹介と使い方
1 動けない子どもも参加する、安全で楽しい「座席表づくり」… 8
2 担任の所信表明演説より効果的な「担任自己紹介」… 10

第2節　実況中継で2つのワークを解説
1 2つのワークの全体の流れと準備のコツ … 12
2 ワーク開始！「座席表づくり」… 14
3 子どもたちを動かすコツは、短い説明と沈黙 … 16
4 教壇から降りる、子どもたちから一瞬目を離す … 18
5 動き始めた子どもたちを観察する … 20
6 子どもたちの「対話的な学び」を促進する … 22
7 区切り方と「担任自己紹介」のときの動き方 … 24

第3節　2つのワークの効果
1 思い出に残る生徒 … 26
2 劇的な効果と授業改善への期待、定番のクラス開きへの疑問 … 28

第2章
【実践編】ワークシートの紹介と使い方

1 さらに友だちの輪を広げる「お互いに知り合いましょう！」… 32
2 コミュニケーション能力の基礎をつくる「傾聴トレーニング」… 34
3 自己理解と他者理解を深めてコミュニケーションを促進する「私のリソース」… 36
4 キャリア教育のスタートに効果的な「私の通学路」… 40
5 人生を意識させる「私の人生　これまで・これから」… 44
6 教科授業の導入でも役立つコンセンサスゲーム①「月世界で遭難」… 48
7 教科授業の導入でも役立つコンセンサスゲーム②「砂漠で遭難したら？」… 54
8 学校選択・科目選択でも使える「10年後の私」… 58
9 二者面談で使える「アクションプラン・シート（ＧＲＯＷモデル）」… 60
10 子どもたちの「主体的な学び」を引き出す「ＡかＢか迷ったときに…比較して考えよう」… 62
11 お説教不要！ 時間感覚を育成する「書くだけで遅刻がなくなるワークシート」… 64

第3章
【理論編】ワークシートを用いたグループワークで「主体的・対話的で深い学び」の基盤をつくる

第3章のはじめに　授業改善のレバリッジ・ポイントは「担任」！… 68

第1節　私の自己紹介＆実践紹介
1　担任業務・生徒指導・教育相談・キャリア教育をつなげる … 70
2　新しい物理授業の開発と実践 … 72

第2節　学習指導と生徒指導の矛盾
1　現場で起きているさまざまな混乱 … 76
2　子どもたちは矛盾した教育を受けている？ … 78
3　解決策は同じメッセージを伝える包括的アプローチ … 80

第3節　「主体的・対話的で深い学び」は担任が支える
1　担任が教科授業を支えている … 82
2　担任の仕事は生徒指導・教育相談・キャリア教育＋教科授業 … 84

第4節　担任指導で鍛える教科授業のスキル
1　スキルが軽視されている授業改善 … 86
2　ワークシートはスキル伝達のツール … 88
3　担任活動は楽しくて、子どもと教師が成長するプロセス … 90

参考文献 … 92
あとがき … 94

装丁：クリエイティブ・コンセプト　松田晴夫　shutterstock

第1章

実況中継で解説！
座席表づくり＆担任自己紹介

　第1章では、「座席表づくり＆担任自己紹介」という「ワークシートを用いたグループワーク」を、実況中継風に紹介します。まず8〜11ページ（第1節）で、2つのワークシートとその使い方を簡単に紹介します。12ページから（第2節）は、グループワークの「実況中継風解説」の始まりです！
　第1章で述べるグループワーク実施の詳細は、この本で紹介する他のグループワークにも応用していただけると思います。

第1節　2つのワークシートの紹介と使い方

１ 動けない子どもも参加する、安全で楽しい
「座席表づくり」

このワークシートのねらいは…

　おそらく日本中の学校で、新年度最初の学活やホームルームの時間に「全員自己紹介」が行われているのではないでしょうか。しかし、その時間だけで友だちの顔と名前を覚えられる子どもはほとんどいません。

　この「座席表づくり」は、同じ時間を使って、楽しくて、友だちの名前を覚える効果があり、内気な子どもも安心して参加できるワークです。教科科目の最初の授業にも役立ちます。

こんなふうに使います！

１．ワークシートを印刷します（おすすめは、次の２で紹介する「担任自己紹介」を裏面に印刷して、セットで使うことです）。教室の座席配置に合わせて、ワークシート上の席の数を調整しておくことをお忘れなく（グループ席用のワークシートも、ほんの森出版の本書のオンラインサイトからダウンロードできます）。

２．ワークシートを配付します。その後、以下のように説明します。

　　「ワークシートの席の中から自分の席を見つけてください。そこに自分の名前をフルネームで書きます。周囲の空欄の座席に、そこにいる人の名前をできるだけ多く書き込むワークです」

　　「ただし、条件があります。必ずその席のその人に直接名前を聞いて、漢字の書き方も教えてもらって書き込みます。他の人のワークシートや名簿から書き写してはいけません。15分ほど実施します。では、始めてください」

３．時間が来たら、「では、今、話し合っているペアで名前を書き終わったら、元の席に戻ってください」と指示します（埋まっていない枠はそのままにします）。

留意点＆困ったときの対応のヒント

＊　余計な指示をしないことが大事です。「早く立ち歩きなさい」と言えば、子どもたちの主体的な学びを阻害します。ぐっと我慢。必ず子どもたちは動き出します。

＊　立ち歩けない子どももいます。しかし、そこに他の子どもたちが名前を聞きに行きます。もし、そうした動きが起きないときは「私のように恥ずかしがり屋で（笑）、歩き回れない人もいるかもしれません。そんな人のところにも行ってあげてくださいね」などと軽くサポートします。

「座席表づくり」ワークシート

①自分の座席に、自分の名前をフルネームで書き入れましょう。

②周りの人たちの名前をフルネームで書き入れましょう。

③名前のわからない人がいたら、直接名前を聞いて、書き入れましょう。

＊不要な座席は斜線（／）で消します。

2 担任の所信表明演説より効果的な
「担任自己紹介」

このワークシートのねらいは…

「全員自己紹介」と同様、おそらく日本中で、新年度の最初の学活やホームルームで行われていると思われるのが「担任の自己紹介と所信表明演説（？）」です。「黙って、じっとして、行儀よく聴きなさい」というメッセージを伝えるのには効果的かもしれませんが…。

ここで紹介するのは「主体的・対話的で深い学び」を実現するための第一歩になるワークです。クラスの雰囲気を安全安心の場に変え、その後のグループワーク等をやりやすくします。

こんなふうに使います！

＊　「座席表づくり」の裏に「担任自己紹介」を印刷するのがおすすめです。例示したワークシートには「年齢」や「家族」に関する質問が入っていますが、皆さんの好みと強みに応じて質問を書き換えてください。ほんの森出版のホームページの本書の紹介コーナーからワードや一太郎のデータを入手できます。

1．「座席表づくり」に続けて、その場で5〜6人のグループをつくるように指示します（元の席に戻ってもらい、その周囲でグループをつくってもいいし、元の席に戻さないで、「今いるところで数人のグループをつくって着席してください」という方法もあります）。

2．「グループ内で、改めてお互いに簡単に自己紹介して、グループの人の名前をワークシートに記入してください」

＊　グループ形成の際に一人ぼっちの子どもがいないかに気をつけます。できるだけどこかのグループに入れることがよいと思います。

3．「ワークシートに、担任の私に関するいろいろな質問があります。グループで相談して正解を想像して書き込んでください。相談する時間は5分です。そのあと答え合わせをしながら私の自己紹介をします」

4．時間が来たら答え合わせをしながら、担任の自己紹介をします。「星座は何だと思いますか？」「射手座」「違います」「おとめ座」「近くなったけど違います」「獅子座」「正解です。私は8月○日生まれの獅子座です」などと、子どもたちとやりとりしながら進めていくのがよいと思います。

5．最後に、「座席表づくり」も含めた感想を書かせて終了です。

「担任自己紹介」ワークシート

◎想像してみてください。答え合わせをしながら自己紹介します。

①同じグループの人の名前を聞いて書きましょう。

②想像して、話し合って、答えを書いてみましょう。

- 星座は？
- 血液型は？
- 趣味は？
- 生まれたところは？
- 高校生のときの部活動は？
- 似顔絵を描きましょう（またはメモに使ってください）
- 昔、あることのプロでした。それは何？
- 年齢は？
- 子どもは何人？子どもの年齢は？

③この時間の感想を書いてください。

第2節　実況中継で2つのワークを解説

1　2つのワークの全体の流れと準備のコツ

　多くの場合、ワークシートを用いるグループワークを実施するための手順等の解説文は、8ページと10ページで示したような形式になります（時にはタイムテーブルがつくこともあります）。研究授業の指導案も同様ですが、それを読めば同レベルの授業を再現できるのでしょうか？　答えは、否です。
　解説文や指導案では伝えきれない、コツや考え方や授業者のこまごまとした配慮があるのです。そこでこの本では、より丁寧に説明して、皆さんが現場で実践するときの成功率をできるだけ向上させるために、「実況中継風解説」とエピソードや背景となる考え方を紹介します。
　他のグループワークのすべてについても同様に説明しようとしたのですが、それではこの本のページ数が何倍にも増えてしまいます。そこでこの本では、私が最もおすすめしたい「座席表づくり＆担任自己紹介」だけを丁寧に述べ、他のグループワークに関する「実況中継風解説」は、ワークシートのデータをダウンロードしてもらうために開設する、ほんの森出版のホームページのオンラインサイトに格納することにします（本書の紹介コーナーから入れます）。発売後も追加修正していくつもりです。質問等がありましたら、その回答も追加しようと思います。ときどきチェックしてみてください。

全体の流れ

　「座席表づくり＆担任自己紹介」は、入学式直後の学活やホームルームで実施するのが最も楽しくて、衝撃的な効果を期待できます。もちろん、新入生以外の新年度のクラス開きでも効果的ですし、教科の授業の1回目でも役立ちます。特に選択科目の授業などでは有効です。さらには、後述しますが、夏休みなどの長期休み明けにも有効です。
　その大まかな流れは「座席表づくり」を15分ほど実施して、そのあと「担任自己紹介」も15分程度。あわせて、40分くらいで実施できます。50分授業の中に余裕を持って入れることができます。

準備のコツ

　準備はワークシートを印刷するだけです。とはいえ、以下の点に気をつけ

てアレンジしてください。

「座席表づくり」

データで提供するワークシートは9ページに示したように「横6列、縦7列」の座席表です。これをもとに、皆さんが実施する教室に合わせてアレンジしてください。最近はテーブル席の教室も増えてきました。オンラインサイトにはテーブル席用のワークシートもアップしてあります。こちらも参考にしてください。

「担任自己紹介」

11ページに紹介したワークシートは、私が高校教諭のときに使っていたものです。挙げている項目、挙げていない項目にはいろいろな意図があります。

自分＝担任の特徴を子どもが興味を持つように伝える

まず、「星座」を挙げたのは、「生まれ月」より「星座」のほうが子どもたちは興味を持つからです。子どもたちは星座のイメージや自分との相性などを考えるようです。

「血液型」も、子どもたちが興味を持つからですが、私の場合、子どもたちの予想が外れることが多いので、クイズとして盛り上がりやすい利点がありました。答え合わせのときに「A型だと思う人は手を挙げて」「B型だと思う人は？」と手を挙げさせて板書すると、A型という予想が一番少なくなります。そこで「正解はA型です」と言うと、「えーっ⁉」と盛り上がります。

「あることのプロでした。それは何？」は、私のユニークな部分を紹介するためです。「空手家でした」と言うと、子どもたちはびっくりします。

私の子どもの年齢を入れていたのは、娘が高校生前後のころです。高校生の生徒と年齢が近いと、「私と一緒」と喜んでくれます。自分の年齢も「お父さんと一緒だ」と言われる時期には楽しめました。最近は、「おばあさんと一緒だあ～」などと言われるので、ちょっと複雑な気持ちです。

避けたほうがよい項目

意図的に避けているのは「学歴」です。出身高校や出身大学・学部を出すと、子どもたちが劣等感を持つこともあります。「先生と私たちは違う」と感じると引かれてしまうこともあります。同様に、所有している自動車、自宅の位置や間取り、趣味などは、学校や子どもたちの状況を考慮して、項目として適切かどうか、よく考えてワークシートをつくることが大切です。

また、先生の個人的な状況や考え方から、年齢や家族のことなどは話題にしたくない場合もあると思います。そんなときは、他の質問と入れ替えてください。それらを質問されたときには、明るく「パス」して、「お互いに答えたくないことはパスしましょうね」とモデルを見せてほしいものです。

2 ワーク開始！「座席表づくり」

直前の準備

　私が「座席表づくり」を始めた最初のころの失敗。それは、教室の前方の掲示板に「座席表」と「名簿」を貼ったままにしておいたことでした。ワークを始めた直後に1人の男子生徒がそこに行って、書き写し始めました。すると、それを見た他の生徒が2人、3人と寄ってきます。

　「これはまずい」と焦った私は、「あ、ごめんごめん。これはいったん、しまいますね。直接、その席にいる人に名前を聞いて書き込んでくださいね」と指示しました。おもしろくなさそうな顔をして戻る生徒たちの顔を見て、「失敗したなあ」と感じた瞬間でした。

　ということがあるので、教室に座席表や名簿が掲示されていないか、直前に改めて確認しておきましょう。「掃除当番表」「週番表」なども、一時的に外しておくほうがよいと思います。入学式直後だと、座席表があちこちに貼ってあったり、場合によっては机に名前を貼ったりします。これにも気をつけたいものです。

　私はこのワークをやり始めてからは、入学式の直後の座席表は、黒板に拡大コピーをマグネットで貼り付けて掲示するようにしました。このワークを実施するときは外し、終わったら掲示板に貼り付けるようにしました。他にもワークを阻害するものがあるかもしれませんので、点検しておきましょう。

いよいよ始めます

　小中高校では、普通、「起立、礼、着席」と号令をかけて挨拶してから授業を始めるものだと思います。私の物理の授業では、始まりも終わりも「全員そろっての挨拶」は省略していました。表向きの説明は「時間の節約」でした。しかし、本音は、「起立、礼…」の号令は不必要に緊張を高めてしまう気がしていたからです。子どもたちにとっての安全安心の場を維持しながら、でも「休み時間」から「授業時間」へのスムーズな移行ができるように、以下の工夫をしていました。

スピード感を持たせる、子どもが揃うのを待たない

「じゃ、最初の授業です。お互いに顔と名前もわからないと思うので、少し周りの人の顔と名前を覚えるためのワークをやりましょう…」

なるべく大きな声を出さず、力まないように意識しながら話し始めます。話しながらワークシートを配ります。「後ろに回してください」と言うときもありますが、ほとんどの場合、指示がなくても子どもたちは反射的に後ろに回し始めます。小さいころからよく訓練されているものだと感心します。

このとき、時間の節約のためのコツがあります。最前列の子の前に立って、その列の人数を数え、「6人だね。イチニイサン…」と枚数を数える先生もいますが、これは時間がもったいないし、何より「けじめ」をつけた意味がないと思っています。私は、前もって各列の人数＋1枚を束にして、直角にずらして重ねておくか、付箋紙などで目印をつけておきます。こうするとスピーディーに配付できます。グループ席の場合でも同様に、あらかじめグループごとに数えておいて、ポンポンと各テーブル上に置いていきます。

さらに、全員に行き渡る前に、説明を始めます。「手元に来たら、座席表の中の自分の席を見つけて、自分の名前をフルネームで書き込んでください」という具合です。

聞き逃しは「対話のきっかけ」

このやり方をすると、子どもたちがワークシートが回ってきて次の指示を待つ間にざわつくということがほとんど起きません。

「えっ、何をするのですか？」という質問はときどきあります。これに対して私は、「**隣近所の人に聞いてみてください。わかっている人は教えてあげてください**」と返事をします。この言い方は大事です。できるだけ批判的にならないように言うことを心がけています。

そうすると、わからない子どもは、周りの友だちに質問することが当たり前になってきます。困っていそうな友だちに「困っているなら教えてあげようか？」などと声をかけるのも日常的になってきます。つまり「対話的な学び」のきっかけになってきます。

先生に「質問しなさい」「教えてあげなさい」と指示されて「対話らしき会話」が始まるのは、どうも「主体的」とは言いにくい気がします。「不足気味の説明」と、遅れがちな子どもを「先生が待たない」ということが、「対話的な学び」と「主体的な学び」を引き起こすと感じています。

同じことが、教科授業でも言えます。その意味では、「短い説明」「繰り返しをしない」「質問に直接回答しない」などのスキルは、担任としても授業者としても、「主体的な学び」「対話的な学び」を促進するのに役立つスキルだと考えています。

③ 子どもたちを動かすコツは、短い説明と沈黙

 短い説明と沈黙

ワークシートを配付して、なるべく間を置かずに次の説明をします。

「ワークシートの座席表を見て、自分の席の位置に自分の名前を書いてください。フルネームで、漢字で書いてください」
「ワークの内容は、空白の座席表をできるだけ埋めることです。それぞれの席にいる人の名前をフルネームで書き込んでください」
「ただし、条件が１つあります。『必ず、その人に直接聞いて書く』ということです。直接その人に漢字の書き方や読み方も聞いて、自分でワークシートに書き込んでください」
「やり方について何か質問がありますか？　ないですね。では、15分間くらいをめどに行います。始めてください」

以上の説明は、ゆっくりやっても１分くらいで終わります。これ以上の説明はまったく必要ないと思っています。説明を終えて、スタートの指示をしたら、先生は沈黙します。すると、子どもたちは動き始めます。
ここでもし、先生が補足説明を始めるとどうなるでしょう。例えば、
「まあ、まずは隣近所の人から聞くといいですね。隣同士とか、前後とか。それが終わったら、立ち歩いていいからね。立ち歩かないと聞けないからね」
このように説明したいと思われるかもしれません。しかし、このような説明が続くと、子どもたちは、スタートの出鼻をくじかれます。
子どもたちを動かすコツは、「短い説明と沈黙」です。教科の授業での話し合いや作業などのワークの指示についても、同様のことが言えると思います。
子どもたちはスタートの指示を聞くと、まずは隣同士か前後の席で名前を聞き合います。すぐに声をかける子どももいます。たまたま両隣の友だちが反対側の友だちと話し始めたので、動けなくなる子どももいます。でも、気にしません。そのうち動き始めますから。

16

子どもたちが立ち歩くまでの不安

説明のあとの沈黙を守れたとしても、次の関門があります（ここを乗り越えるとあとはスムーズです）。それは、両隣と前後の友だちの名前を書き終えたあとです。ここから先は、「立ち歩き」をしないとワークシートの座席表を埋めることができません。このとき、クラスによっては子どもたちの動きが止まることがあります。話し声もなくなることがあります。

これは、子どもたちが「授業中は自分の席で黙ってじっとしていなくてはならない」と感じているからです。私はこれを長い間の学校教育の中でしみ込んだ「暗黙のルール」と呼んでいます。高校で物理授業を改善するときには、この暗黙のルールを打破するために「態度目標」を設定しました。「しゃべる、質問する、説明する、動く（席を立って立ち歩く）、グループで協力する、グループに貢献する」という6つのルールです。

しかし、このワークではそこまでのことをしなくても大丈夫です。ちょっと静かになる瞬間があったとしても、必ず2〜3人の子どもが立ち上がります。それを見た他の子どもたちが、引きずられるようにして立ち歩きし始めます。子どもたちは一瞬、「立ち歩いていいのかな？」と不安になります。しかし、他の友だちが立ち歩き始めたのを見て「大丈夫なんだ」と理解して立ち上がるのです。これと同様の不安は先生にも起きます。

黙っていれば大丈夫

「子どもたちは立ち歩いてくれるだろうか？」というのが先生の不安です。そうするとつい、いろいろなことを言いたくなります。

「隣近所が終わったら立ち歩いてもいいんだよ」「ほらほら、あちこちに行ってみたら？」「時間がなくなっちゃうよ。早く歩き回りなさいよ」「お、歩き始めた人がいるよ。いいですね〜。他の人も見習おうね」

そんなふうに言いたくなる気持ちは「とてもよく」わかります。私も最初のころは同様の不安を強く感じていたからです。しかし、そんなふうなことを言えば、子どもたちの「主体的な学び」のきっかけを阻害しかねません。誰かを全体の前でほめると、子どもたちの中に「ほめられ競争」を引き起こしかねません。私はこれを心配して、黙っていました。

そして、何度やっても、子どもたちは立ち歩き始めました。大丈夫です。これを読んでいる先生がいつもとっても怖い先生で、先生が教室にいるときは子どもたちが震え上がってピクリとも動けないほど恐怖に満ちた指導をしていない限り、子どもたちは動き出します。

4 教壇から降りる、子どもたちから一瞬目を離す

　ここまでの説明を読んでも、「子どもたちが動くとは思えない」と感じる方も多いと思います。私がやっていたことを2つ補足します。

教壇から降りる

　ワークシートを配付してこのワークのやり方を説明するときに、私は意図的に教壇から降りて、教室の中をうろうろと歩き回りながら話していました。これだけでも、子どもたちは「立ち歩いていいような気がした」と言います。「先生がうろうろするから、横向いたり後ろ向いたりして話を聞いていると、いつもと違って身体を動かしやすくなるんだよね」と言った生徒もいました。

　この「教壇から降りる」は、新しい授業に挑戦するときにも、とても重要な要素だと思っています。伝統的な授業では、授業者が「説明し続ける」とか「板書し続ける」活動をしていたために、教壇に立ち続けることが多くなりました。教壇上から「子どもたちを監視する」というメッセージを出すためにも、工業化社会における教育としては大事な形式だったと思われます。

　しかし、プロジェクターで投影することが増えてきたり、「板書・ノート」の時間が減ったり、ワークの時間が増加したりしてくると、授業者が「教壇にいなくてはならない必要性」は減少してきました。しかし、相変わらず教壇にしかいない授業者は多いようです。最近は、教壇がない教室も増加しました。そのような教室でも「かつて教壇があったとおぼしき範囲」にしか立たない授業者が多いのは、不思議なことです。それほど私たちは、歴史・伝統・習慣に縛られているのかもしれません。

　したがって、まずは、教科授業ではない学活やホームルームなどの時間に「教壇から降りる」練習をすることをおすすめします。子どもたちの様子が変わります。ワークを指示したときに動きがスムーズになります。何より、授業者である先生たちから見える景色が違ってきます。教室全体を見渡せます。後方の席の子どもたちの様子も見えてきます。子どもたちと心理的な距離が近づくのを感じます。後方の席の子どもたちの居眠りもなくなります。集中力も上がります。

　この体験が、先生たちの授業改善に大きな効果が出ると私は思っていま

す。ぜひ、教壇から降りて、教室をうろうろと歩きながら説明するという形式にチャレンジしてみてください。

片付けを始める

子どもたちに指示をせず、「ほめられ競争」を引き起こすこともなく、「主体的・対話的に」動かすために、私がやっていたもう1つは、「一瞬、子どもたちから目を離す」ことでした。

当時の私はまだ「教壇から降りる」ことができていなかったので、「じゃあ、始めてください」と言ったあとは、教壇で子どもたちの様子を見ていました。そうすると、隣と前後が終わった生徒は私を見ます。あちこちの生徒がチラチラと私を見ます。「どうすればいいの？」「次の指示をしてよ」「本当に立ち歩いてもいいの？」等々のメッセージがこもっています。

「立ち歩いてもいいよ」「早く歩き回ってよ」「じっとしていたら進まないでしょ」などと言いたくなります。言葉に出さなくても、私の表情から不安やイライラを生徒たちに読み取られていたような気もします。「これはいかんなあ…」と感じた私がとっさに始めたのは、「片付け」でした。教卓の上の資料を整理する、黒板の余計な連絡事項を消す、黒板のチョーク置きにたまっているチョークの粉を捨てる、落ちているチョークのかけらを拾う、前に置いてあるロッカーの上を片付ける…、などです。

これには、2つの効果がありました。1つは、生徒たちと視線を合わせないので、生徒が私の表情を読み取ったり、それをもとに私の気持ちを忖度したりすることを避けることができました。もう1つは、私自身の気が紛れるので、「まだ立たないか、まだ立ち歩かないか」とイライラする気持ちがなくなりました。そうしているうちに、生徒たちが立ち歩き始めます。私のことを見つめている生徒もいなくなります。

不安やイライラを感じる先生たちは、こんな方法もお試しください。

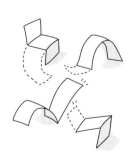

5 動き始めた子どもたちを観察する

　　隣と前後の友だちの名前を聞いた子どもたちは、立ち歩いてあちこちで自己紹介をし、名前を聞き、漢字を聞きながらワークシートの座席表に書き込んでいきます。もう、先生が全体を心配する必要はありません。教壇で「監視する必要もない」ということです。
　　ぜひ、教壇から降りてうろうろと歩き回る練習をしてみてください。その際に、以下のことに気をつけることをおすすめします。①なるべくニコニコしながら、うろうろと歩く。②子どもたちがどれほど進んでいるかを確認する。③動けない子どもがいるかどうかを確認する。④先生に名前を聞いてくる子もいるので対応する準備をしておく。⑤教室全体の雰囲気の変化を意識して観察する。

なるべくニコニコしながら、うろうろと歩く

　　高校では、先生が教壇から降りてフロアを歩くとびっくりする生徒もいます。ぜひ、ニコニコしながら子どもたちと顔を合わせてください。教科の授業でワークをするときにも、にこやかにうろうろしてみましょう。
　　先生が近づいたときに「叱られるかもしれない」と感じさせると、「主体的な学び」を阻害します。穏やかな笑顔をつくる練習です。

子どもたちがどれほど進んでいるかを確認する

　　ニコニコ、うろうろしながら、「何人の人の名前を聞けましたか？」と尋ねることをおすすめします。あちこちで同じ質問をしてください。そうするとワークの進み具合がわかります。私の経験では、15分くらいで10人前後の枠は埋まるようです。10人くらいの顔と名前がわかると、子どもたちは「クラスになじむ」ようです。
　　進行速度が遅いようなら、時間を延ばすことを考えてください。

動けない子どもがいるかどうかを確認する

　　なかには、席を立って歩けない子どももいます。どの子がそういうタイプ

の子どもなのかをさりげなく確認するのにも、このワークは役に立ちます。

　ただ、このような子どもたちも参加できるのがこのワークの特長です。多くの場合、自分の席から動けない子どものところにも、他の席の子どもたちが「名前を教えて。私はあの席にいる〇〇です」などと声をかけてくれます。その結果、まったく席を立たない生徒の「座席表づくり」も着々と進行していきます。私がこのワークを多用する大きな理由の1つがここにあります。「誰も傷つけないワーク」「全員が参加できるワーク」だからです。

　もし、動けない子どものところに行く子どもが少ないようなら、私は全体に、次のように声をかけています。

　「ちょっと聞いてね。なかには私のように恥ずかしがりやで（笑）、立ち歩くのが苦手な人もいます。そういう人のところにも声をかけてあげてくださいね」

先生に名前を聞いてくる子もいるので対応する準備をしておく

　私の体験では2〜3回に1回くらいの割合で、「先生にも質問していいですか？」と声をかけてくれる子どもがいます。そのときは、「私の席はここにしましょう」とワークシートの教卓を示して、「小林昭文です。漢字はね…」と説明し、「あなたの席は？　名前は？」と聞いて書きます。

　このときのために、先生のためのワークシートを1枚余分に印刷しておくことをおすすめします。

教室全体の雰囲気の変化を意識して観察する

　うろうろしながら教室全体の雰囲気を確認したり、その変化を理解したりするようにします。グループワークに慣れていない方は、教科の授業でグループワークをするときのためのよいトレーニングになります。おすすめの方法は、教室の四隅にときどき行って、全体を眺めることです。そうすると全体が活性化している、あの片隅に賑やかなグループが集まっている、あちらのグループは静かだな…などと理解できます。

　これをときどきやると、子どもたちの変化がわかります。最初は小さな声だったのがだんだん大きな声になるとか、ペアで話している時間が増えてきたとか、逆に声が小さくなってきた…などです。この変化を把握できるようになると、教科の授業でグループワークをやっているときも、そのワークが適切だったかどうか、時間の調整をどうするかなどもわかるようになります。

6 子どもたちの「対話的な学び」を促進する

　多くの場合、このワークはそれほど介入しなくてもうまく進むと思っているのですが、「あれ？」と感じて介入したこともわずかにあります。子どもたちの動きに偏りが見られ、特定の子どもたちだけで集まって、動かなくなってしまうことがあるのです。問題が大きくなる前に「質問で介入するコツ」について述べることにします。

質問で介入する

　ふと気づくと教室の隅に男子ばかりが集まっていて、反対の隅には女子ばかりが集まっていることがあります。そこまで真っ二つになることは、このワークではなさそうですが、あちこちで数人単位で固まっていて動かなくなる状態は起きる可能性があります。

　こちらとしては、できるだけ多くの子どもたち同士で交流してほしいので、「固まっていたら、ダメじゃないか」「止まっていたらダメでしょ」「もっとほかのグループに行って声をかけなさいよ」などと言いたくなります。これは論理的には、批判・禁止・命令をしていることになります。

　私はグループワークを通して、子どもたちに「主体的・対話的で深い学び」を実現させたいと考えています。その視点に立つと、批判・禁止・命令では「主体的な活動」を実現することはとても困難だと感じています。また、「深い学び」は「コルブの経験学習モデル」でいう「振り返る→気づく」が大事だととらえています（「コルブの経験学習モデル」については、第3章の75ページを参照してください）。

　この「振り返る→気づく」は授業の中である程度の時間をかけたワークを体験して、そのあとに「振り返る→気づく」をさせることも有効ですし、その場で「振り返る→気づく」を引き起こして行動を変容させる方法（リアルタイム・リフレクション、またはリフレクション・イン・アクション）もとても有効であると感じています。

　この視点に立って編み出したのが、ワークの最中の「質問で介入」です。例えば、物理の練習問題をグループごとに話し合って解くワークを始めます。最初のうちは、グループ席になっていても子どもたちは自分の問題を解くことに集中して話し合いをしません。「わからないから教えて」が言いにく

いことが原因である場合もあります。

　このとき、私は「グループで協力できていますか？」と質問します。態度目標に「グループで協力する」が入っていますから、それに沿っての質問です。すると、「あ、忘れていた」「これ、わからない、教えて」「困っているなら、教えてあげようか？」などと話し合いが始まります。自分で気づいて、自分で行動を変えるので、徐々に主体的な活動へと進んでいきます。

　私はこれを応用して、固着しかけているグループに「質問で介入」します。

 問題ではなく目標に焦点を当てて質問する

　「今、何人書けましたか？」
　「あ、3人です」
　「10人くらいは書いてほしいのですけど、あと5分くらいです。増やせますか？」
　「あ、じゃあ、行こうかな？」
　こんな感じです。男女で別れていても、数人単位で固まっていても、それによって生じる現象は「ワークシートの座席表に書いてある人数が増えない」ということです。そこで、これに焦点を当てて質問しています。

　男子だけで固まっているグループの子どもたちのワークシートの座席表は、女子の席が空白になっています。「あれ？　このあたりがみんな空白だね。このへんを埋めるにはどうすればよいですか？」と聞けば、「女子のところに行こうか」となります。

　固まっていることは「問題」ですが、問題だけを指摘すると、子どもたちは解決に向けてどう動いてよいかわからなくなります。ただ「叱られた」という気持ちだけが残りかねません。「人数を増やす」ことに重点を置くと、解決策は「動く」になります。「多くの人と話しなさい」「異性とも話しなさい」と言われるよりも、子どもたちは動きやすいようです。

　私は物理授業では、「確認テスト」の時間を決めて、「確認テストで全員満点を取る」ことを目標に授業を進めていました。すると、その目標を達成するためには、友だち同士で話し合う必要が出てきます。時には立ち歩く必要も出てきます。その結果が「対話的な学び」「主体的な学び」を引き起こすことになります。

　このようなスキルを教科授業で使うためのトレーニングとしても、このワークはとても役に立つということです。いろいろな質問を考えることが、教科の授業中のグループワークを活性化するスキルを磨くことになります。

7 区切り方と「担任自己紹介」のときの動き方

15分程度で区切る意図と効果

「座席表づくり」は15分くらいで終了します。埋まっていない座席はそのままにします。15分で区切るのは、「担任自己紹介」をやりたいということもあるのですが、それ以外の理由もあります。1つは「飽きる」からです。講義を真剣に聴いているときも、15分くらいで子どもたちは飽きてきます。それと同じことのような気がします。もう1つは、初めて会った人たちの名前を覚えきれないからです。多くの場合、子どもたちは最初に聞いた前後左右の友だちの顔と名前を覚えます。私は初日はそれで十分だと思っています。

15分程度で区切ることによる思わぬ効果もありました。私はこのワークシートはその場で回収して、検印だけ押して翌日返却します。すると、その後、この「座席表づくり」のワークシートを机の中に入れている生徒がかなりいるのです。何をしているのかを質問してみると、他の授業中に誰かが指名されているのを見ながら、このワークシートに「あの席にいるのは○○君」と書き込んでいるというのです。「そうすると少しずつ名前を覚えていけます」と言います。「それに、空欄があるのは嫌じゃないですか。全部埋めたくなるのですよ」とも言います。脳生理学の分野でも似たような話を聞いたことがあります。

区切り方

というわけで、15分くらいで「座席表づくり」は終わりにします。このときに、私は次のように指示します。

「じゃ、そろそろ終わりにします。今、ペアになっている人同士が名前を確認しあったら、元の席に戻ってください」

おわかりだと思いますが、このワークはペアでお互いの名前を書き込んで終了となります。したがって、あるときに突然「はい、やめてください。そこまでです。席に戻ってください」と指示すると、片方の人の名前しか書けていないかもしれません。漢字を途中まで聞いたところで終わるかもしれません。これは欲求不満を残します。先生の指示を無視して頑張るペアも出て

くる可能性があります。それが起きないように、上述のようにふんわりとした指示を出します。

　おおむね子どもたちは指示に従います。ペアの会話に夢中になっている子どもは、この指示に気づかないこともあります。それでも大丈夫。周りの子どもたちが次々に席に戻ってしまうと、立っているのは「私たちだけ？」と気づきます。先生が叱ったり、禁止したりするのではなく、子どもたちが自分で気がついて行動を変容していくというプロセスを随所に盛り込みたいものです。

「担任自己紹介」のワークでの担任の動き

　「座席表づくり」に比べると「担任自己紹介」はワークシートができていれば簡単です。グループづくりは、「座席表づくり」の流れから「今いるところで5～6人のグループをつくって着席してください」というつくり方と、「元の席に戻って、その周辺で5～6人のグループをつくって着席してください」という方法があり、後者のほうが簡単です。状況に応じて指示します。場合によっては、前もってグループをつくっておき、黒板などに提示する方法もあるでしょう。

　このワークで効果的なのは、子どもたちとのアイコンタクトです。

　子どもたちは「星座は何かなあ？」「あの雰囲気の人はたぶんO型なんだよなあ」「あの体型だからきっと釣りが趣味だと思うよ」などと話し合いながら、担任の私の顔をじろじろと見ます。私はうろうろと歩き回りながら各グループに近づきますから、当然、目が合う機会が増えます。

　このときに、ニコニコしながらアイコンタクトをとると、子どもたちとの信頼関係を即座につくることができます。通常、こちらから目を合わせようと近づくと、子どもたち（特に女子高校生は。私が男性だからか…）は怪訝な顔をしたり、嫌がられたりします。下手をするとセクハラと言われかねません。その点、このワークでは、子どもたちのほうからじろじろ見てくれます。誤解されることなく、目を合わせてにっこりすることができます。

　それ以外で少し気をつけるとよいのは、各グループでみんなが発言しているか、ということです。気になるグループがあったら、「みんなで話し合えていますか？」「黙っている人に声をかけ合っていますか？」などと、「質問で介入する」ことをおすすめします。

　ただし、特定のグループにだけこの介入をすると「私たちのグループだけ注意された」と感じかねないので、すべてのグループに同じ質問をしておくほうがよいと思います。

第3節　2つのワークの効果

1　思い出に残る生徒

 入学式直後の保護者からの電話

　このワークを担任として初めて実施した20年くらい前の思い出です。高校の入学式と最初のホームルームを終えて生徒を帰し、ほっとしているところに事務室から内線が入りました。私のクラスの生徒の母親からの電話でした。
「うちの娘のことで、先生にお話ししておきたいことがあります。これから学校にうかがってもいいですか？　30分くらいで行けます」
　嫌な予感です。何の準備をしたらよいのかを考えても、個人に関する情報はまだほとんど手元にありません。思い出したのは、さっきのワークでのその生徒の感想です。探し出してみると、「友だちできた。高校では頑張れそう」と書いてあります。大したコメントには思えませんが、これを用意して待つことにしました。
　母親の話が始まりました。
「実はあの子は、中学生のときに何度も不登校を繰り返しました。長いときは半年くらい休み続けていました。娘は、中学時代に誰ともしゃべったことがないのです」
　えっ？　場面緘黙？　いやいや、さっきのワークではそんな子はいなかったはず…。私の頭の中に疑問が広がります。
「同じ学年にいとこの女の子がいました。その子とは話ができるんです。でも、他の子どもとは話したことがないんです」
　これは聞いたことがない話でした。場面緘黙ではないものの、いとこ以外とは話したことがない…。不登校を繰り返してきた生徒…、うーん…、高校でも「不登校→中退」を連想してしまいます。お母さんが、今日面談を希望してきた意味も理解できてきました。
「今日のクラスでの、うちの娘の様子はどうでしたか？」
「はあ…、すみません。あまり記憶はないのですけど…」
「そうですよね…。先生もたくさんの生徒さんがいて大変ですものね…」
　うっ、嫌味ではないのでしょうが、ぐさりと来ます。
「実は今日、ちょっとしたグループワークをやりましてね」
「えっ？　うちの子は参加できなかったですよね」

「いえいえ、みんなと同じように動いて話していましたよ」
「えっ？　誰とも話したことのない娘がですか？」
「はい、たぶん…」（そう切り込まれると自信がなくなる私です…）
「で、そのワークシートは感想を書いてもらって提出させたので、今手元にあります。娘さんのワークシート、ご覧になりますか？」
「はい。ぜひ見せてください」

たった一言「友だちできた。高校では頑張れそう」のコメントは、これまでの経過をもとにすると、何でもない感想ではなく、母親にしてみると「ありえない」ほどの衝撃だったようです。

「信じられません。あの子が他の子たちと話したなんて。しかも『友だちできた』と書くなんて…」と涙ぐむ母親。

その気持ちは理解できる気がしました。私にしてみれば、初めて挑戦したワークでこんなことが起きていたなんて、まったくの予想外でした。母親は「先生のおかげです」とお礼を繰り返して帰りました。でも、これは私の成果ではないと感じました。

この子に話しかけ、名前を教え合い、「友だちできた」と感じさせたのは、「周りの友だちたち」です。支えるのは「先生の私」ではありません。私がやったことは、「子どもたちが自由に動いて支え合える環境・仕組み・雰囲気」をつくったことです。この発想は、物理授業にもつながっていきました。

この子はどうなったか？　席の近所の女子たちと仲良くなり一緒に運動部に入部し、高校ではほとんど欠席することもありませんでした。成績もトップグループに所属し、卒業後は保育関係の名門専門学校に進学していきました。

2学期にも役立つ？

このワークは長い間、4月のスタートのときだけにしか使えないと思い込んでいました。あるとき、夏休みに転校生を迎えました。この生徒のために「座席表づくり」をやりたいと思ったのですが、4月からいる生徒は「また？」と嫌がりそうです。

たまたま夏休みに部活動で登校していたクラスの生徒に聞いてみると、「やりたい」と言います。「えっ、意外。どうして？」と聞くと、「先生、実はね、夏休み過ぎるとクラスの友だちで名前忘れている人もいるんだよ。あのワークをまたやれば、さりげなく思い出せそうだな、と思うよ」とのことでした。他の生徒10人くらいに聞いてみても、同じ回答。自信を持って2学期冒頭にまたやって、転校生にも在校生にも好評でした。

皆さんの学校でも同じかもしれません。お試しください。

2 劇的な効果と授業改善への期待、定番のクラス開きへの疑問

 入学式直後のクラスの変貌

　　このワークの効果を明確に目の当たりにするのは、入学式直後に行ったときの、私のクラスと他のクラスとの違いです。この効果が、今求められている「主体的・対話的で深い学び」を実現する授業を実践するための、クラスづくりにとても有効だと感じる面が多々あります。

　まず、当日の生徒たちの動きです。やるべきことが終わって、「では解散です。また明日会いましょう」と解散宣言をします。普通、新入生は黙々と帰ります。ところが私のクラスでは、席が近所の生徒同士が再び着席して雑談が始まります。「中学校はどこなの？」「部活動は何だったの？」「高校では何に入るの？」などの声がよく聞こえていました。担任の私に、「先生は何部の顧問ですか？」「どこに住んでいるのですか？」などと質問してくる生徒もいました。他の新入生のクラスはあっという間に誰もいなくなるのに、私のクラスはいつまでも残っている生徒がいました。

　さらに生徒指導部の仕事で校舎外の巡回に行くと、バス停で新入生がバスを待っています。大半の生徒たちは黙ってじっとしているのですが、何人かの生徒たちがワイワイしゃべっているのが目立ちます。その生徒はほとんどが私のクラスの生徒たちでした。一緒に巡回している同僚が、「新入生にしては、おしゃべりしている子が多いね」「はあ、ほとんど私のクラスみたいです」「えーっ、そうなの？　何をしたの？」と驚かれることもありました。

　そして翌日の朝も、他のクラスとの違いが歴然としていました。担任も緊張していますから、早めに教室に行ってあれこれと準備をしています。新入生も遅刻しないように、始業よりかなり早めに登校します。そして、たいていは自分の席に座って「黙って、じっと」しています。私より早く教室に行って職員室に戻ってきた別のクラスの担任が、私に首をひねりながら言います。

　「今、1年生の教室に行ってきたんですけどね…。どのクラスの前を通っても、すでに来ている生徒は黙って着席していました」

　「まあ、そうだよね」

　「でもね、小林さんのクラスだけ、騒がしいんですよ。生徒たちは『おはよ

う！』と言って入っていくし、それに応える声も聞こえるし、ちらっとのぞいてみると、教室のあちこちで向き合ってしゃべっているんですよ。小林さん、何かやりましたか？」

「うん、まあね。でも、そんなに違いが出るとは思わなかったなあ…」

実際に教室に行ってみると、そのとおりです。こんなにクラスの雰囲気が変わるとは、私も想像していませんでした。これが、このワークにほれ込んだきっかけになりました。この雰囲気づくりがわずか1コマの学活やホームルームでできるのなら、入学式の翌日からグループワーク等を入れた授業を始めても大丈夫なのではないかと私は思っています。

定番のクラス開きへの疑問

機会あるごとに、担任をしている先生たちに「4月の最初のホームルーム（学活）で何をしていますか？」と聞いていました。判で押したように「全員の自己紹介と担任の自己紹介＆方針説明」という返事です。

「それで子どもたちは全員の名前を覚えるのかね？」「いや〜、むりだと思いますよ。私も全然覚えられないですしね」という会話の繰り返しです。

子どもたちにも何度も聞きました。「覚えられない」と答えます。より具体的にこう答えてくれた高校生もいました。「自分の番が回ってくるまでは何を話そうかとドキドキしているから、自分の前に話した人の自己紹介はまったく聞いていません。で、自分の自己紹介が終わるとほっとしてしまうので、私の後の人の自己紹介も聞いていません」。

おそらく、日本中の先生たちと子どもたちが、4月初日の〈定番のクラス開き〉に効果がないことを知っていて、でも続けているのです。これは教科科目の授業で、先生が1人で説明し続けて、子どもたちが板書をノートに写し続ける授業では「思考力・判断力・表現力」が育たないことがわかっているにもかかわらず、なかなかその形式が変わらないのと同じことなのかもしれません。

逆に言えば、担任の仕事の在り方を変えること、あるいはクラス経営のスキルを変えることの中に、教科授業を改善するのに役立つスキルが埋まっているとも言えるのではないかと思っています。

少なくとも私は、クラス担任としてのスキルを、カウンセリング、キャリア教育、アクションラーニング等々の理論やスキルを用いて改善し続けてきました。その力が高校物理授業をいわゆるアクティブラーニング型授業に切り替えて成果を上げることに大いに役立ちました。

皆さんも、ぜひお試しください。

第2章

【実践編】
ワークシートの紹介と使い方

1 さらに友だちの輪を広げる
「お互いに知り合いましょう！」

■ このワークシートのねらいは…

第1章「実況中継で解説！ 座席表づくり＆担任自己紹介」で紹介したワークに続いて、クラスで使える時間があったら、さらにお互いの顔と名前を知るワークを実施したいものです。

さまざまな方法でペアワークやグループワークを行うことで、友だちの輪を広げていくことができます。担任の先生のスキルアップにも役立ちます。

■ こんなふうに使います！

* 3つのワークを続けています。「ワーク1」と「ワーク2」はセットで行う必要がありますが、「ワーク3」は単独で行うことも可能です。
* おすすめの方法は、最初に教室の机を全部外に出してしまい、椅子だけにしておくことです。そうすることによって、「ワーク1」から「ワーク3」までをスムーズに続けることができます。（机の移動は騒がしくなりますから、両隣と下の教室の先生に断っておきましょう。）
* 「ワーク1」「ワーク2」では、ワークシートの裏を使ってメモをとるようにします。そのときクリップボード（紙挟み）があると便利です。「ワーク3」は何も持たないでできます。
* 「ワーク3」は、小学生では3～4人程度、中学生では5～8人程度、高校生では10人程度が適度に難しくて楽しめます。子どもたちの年齢に応じて調整してください。

■ 留意点＆困ったときの対応のヒント

* 「ワーク1」「ワーク2」のインタビューや他者紹介にかける適切な時間は、子どもたちの年齢やクラスの雰囲気によって異なります。私は「2分間」と指示しても、ストップウォッチを使って、様子を見ながら1分半や1分に変更していました。黙っている子どもが多くならないように調整してください。
* 「ワーク3」は一人一人相手の顔を見ながら進めます。「顔を見てくれてうれしかった」という感想が続出します。その時間をたっぷりとれるようにしてください。また、思い出せないときに、みんなが「『こ』で始まるよ」などと教えてあげるように支援してください。
* 最後に「感想」を書かせることをお忘れなく。

お互いに知り合いましょう！ いろいろなワークでお互いの顔と名前を覚えましょう

《ワークの目標》 1．お互いの顔と名前を覚えて話ができるようになろう。
2．上手に聴く力、話す力、みんなで協力する力を高めよう。

ワーク1 《インタビュー》

〈進め方〉
① 2人1組になります。
② じゃんけんをして「質問する人」「答える人」を決めます。
③ 「質問する人」は、相手のことを知るための質問をします。
　「答える人」は質問されたことに答えます。　〔2分間×2回〕

〈うまく進めるコツ〉
＊「イエス」「ノー」で答えられる質問（クローズドクエスチョン）だけでなく、自由に答えられる質問（オープンクエスチョン）も入れてみましょう。
＊答えにくい質問には「パス」ありです。

ワーク2 《他者紹介》

〈進め方〉
① ワーク1のペアが2組一緒になり、4人1組になります。
② ワーク1でのインタビューの結果をもとに、ペアの相手を新しいペアの人に紹介します。
③ 1人2分間で説明します。〔2分間×4回〕

〈うまく進めるコツ〉
＊インタビューの回答だけでなく、感じたことや想像したことも含めて紹介しましょう。
＊よいところ、魅力的なところを中心に紹介しましょう。
＊人に自分を紹介してもらうのは少し恥ずかしいですが、否定しないでじっくり聴きましょう。

ワーク3 《○○さんの隣の…》

〈進め方〉
① 10人程度のグループで丸く輪になり、着席します。
② 最初の人は「○○です」と自己紹介します。隣の人は「○○さんの隣の□□です」、その隣の人は「○○さんの隣の□□さんの隣の△△です」……と続けていきます。
③ 最後まで行ったら逆向きです。最初の人は「○○が好きな××です」、次の人は「○○が好きな××さんの隣の、△△が好きな□□です」……と続けます。

〈うまく進めるコツ〉
＊名前を呼ぶときは、その人の顔を一人一人ちゃんと見ながら進めるようにしましょう。
＊思い出せない人には、「私は○○ですよ」などと教えたり、『さ』で始まるよ」などとみんなで教えたりしてあげましょう。

●この時間の感想を書いて提出してください。

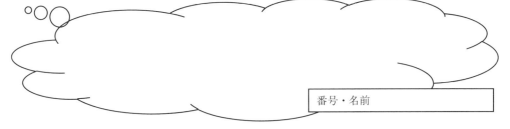

番号・名前

2 コミュニケーション能力の基礎をつくる
「傾聴トレーニング」

 このワークシートのねらいは…

　コミュニケーション能力の育成が「プレゼンテーション力」「話す力」に偏っているのが気になります。「黙って聴く」「集中して聴く」「質問する」「要約する」などを意識できるようになると、理解力が高まり、コミュニケーション能力が向上します。また「上手に聴いてもらう体験」が「積極的に話す意欲」を高めます。
　「話せるようになる」ための「傾聴トレーニング」です。

 こんなふうに使います！

　クラス開きの時期に有効です。特に話すのが苦手な子どもが多いときには、繰り返し行うことでかなり効果があがります。ワークシートには1回あたりの時間を指定していません。これは、自由に調整してもらうためです。最初は1～2分間から始めて、10～15分間くらいまで伸ばしていくと、子どもたちの話す力は格段に向上します。

 留意点＆困ったときの対応のヒント

＊　最初にMEMO欄を使って、3回分の役割分担を決めさせてください。これをしないと、3回目が組み合わせ不能になる場合があります。

＊　1回目を始める前に、「話す人、手を挙げて」「聴く人、手を挙げて」「観察する人、手を挙げて」と確認することが大事です。始めてしまってから、動いていないグループを見つけると対応が難しくなります。

＊　「振り返り」の時間も大事です。最初のうちは、「聴く人、観察する人、話す人の順で振り返ります。1人2分間にします。2分たったら『次の人』と声かけますね」などと指示して、時間をコントロールすることが必要です。この振り返りの時間も子どもたちの様子を見ながら加減してください。このようなときにもタイマーより、ストップウォッチが役に立ちます。

＊　話す内容については、あらかじめテーマを決めておいたほうが話しやすいようです。「最近あったうれしいこと」「この1週間に体験した印象的な出来事」「最近の私の楽しみ」「趣味や部活動での楽しさについて」などから、「今日のテーマはこれにしましょう。それ以外のことで話したいことがあればそれでもいいですよ」などと指示します。

傾聴トレーニング

人の話をよく聴き、理解し、相手の人が満足できるようにしましょう

《ワークの目標》1．人の話をよく聴くスキルを覚えよう。
2．上手に聴いてもらう心地よさを味わおう。

役に立つ〈傾聴のスキル〉を覚えて使ってみましょう。
・受容：「うんうん」とうなずいたり相づちを打ったりする。よく聴いていることを伝える。
・支持：「そうだね」「それはつらいね」と理解を示す。評価・批判しない。
・確認：「〇〇と感じているんですね」「まとめると□□になるのかな」などと返す。
・質問：相手の気持ちに沿って質問する。話を引き出すような質問をする。誘導しない。「どうして？」の質問は、責められていると感じることもあるから注意する。
・沈黙：相手の話の邪魔をしない。話し出すのを待つ。自分だけがしゃべりすぎない。

ワーク《傾聴トレーニング》

〈進め方〉
①3人1組になります。「話す人」「聴く人」「観察する人」に分かれます。下の「MEMO」に、書き入れてください。
②「話す人」は自由に話してください。「聴く人」は、〈傾聴のスキル〉を意識して聴きます。「観察する人」は2人の様子をよく見て、感じたことや気づいたことを覚えておきます。
③1回終わるごとに「振り返り」をします。以下のことについて話してください。

〈振り返り〉
①「聴く人」は、〈傾聴のスキル〉のどれを意識できたか、〈スキル〉を意識して聴いて感じたこと、うまく聴けたところやうまくできなかったところなどについて話してください。
②「観察する人」は、「聴く人」がうまいと感じたところ、「話す人」の様子の変化、全体を通して観察しながら感じたことや気がついたことを話してください。
③「話す人」は、全体を通して感じたこと、上手に聴いてもらえてうれしかったところ、改善してもらえるとよいなと思ったところなどについて話してください。

MEMO
1回目　話す人（　　　　　）　聴く人（　　　　　）　観察する人（　　　　　）

2回目　話す人（　　　　　）　聴く人（　　　　　）　観察する人（　　　　　）

3回目　話す人（　　　　　）　聴く人（　　　　　）　観察する人（　　　　　）

●この時間の感想を書いて提出してください。

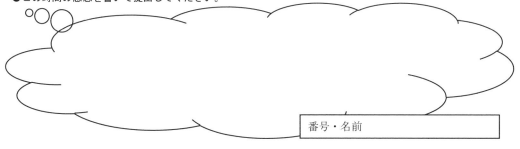

番号・名前

3 自己理解と他者理解を深めてコミュニケーションを促進する
「私のリソース」

このワークシートのねらいは…

　リソース（自分を元気づけてくれる人・モノ・場所など）を図示し、語り、他の人のそれを聴くことで、自己理解と他者理解を深めることができます。特に、自分のリソースを再発見することが、自己肯定感を高め活力を生み出すことにもつながります。

こんなふうに使います！

1. 4～6人のグループワークが適切です。グループ席にしてから進めるとよいです。
2. 時間管理が大切なワークです。最初に、全体に対して「ワークの目標」「リソースとは」「進め方」などを短時間で説明します。
3. その後、各自がワークシートを書く時間を10～15分程度に設定します。書いている時間に机間巡視して、遅れている子どもに声をかけて全員が終わるように支援します。
4. グループ内でワークシートを見せながら説明するときは、「1人2～3分間で説明します。では、1番目の人、手を挙げて、2番目の人、手を挙げて…」などと声をかけて話す順番を確認します。始まったら設定の時間ごとに「では、そろそろ2番目の人が始めてください」などと声をかけて進めます。（時間を意識して動くようになると、教科授業でのグループワークでも役に立ちます。）

留意点＆困ったときの対応のヒント

* このワークは個人の内面に触れる可能性があります。その意味では、クラスの状態がまだ落ち着いていない新学期には、特に注意を要するワークかもしれません。最初は「好きな食べ物」「好きなスポーツ」などの表面的な話題で実施することをおすすめします。〈小学生向け〉（38ページ）と〈好きな食べ物〉（39ページ）のワークシートをつけました。適宜アレンジしてお使いください。
* グループ内でワークシートを見せながら説明しているときは、「黙って聴いて、終わったら拍手で感謝の気持ちを伝えましょう」と働きかけます。このとき、「ほめる」「質問する」などの反応をさせないほうが安全です。

私のリソース

自分のことを再発見し、人の話をよく聴き、他者理解を深めましょう。

《ワークの目標》 1. 自分のことを再発見し、自分のことを伝える力をつけよう。
　　　　　　　　2. 友だちの話をよく聴いて、より深く理解しよう。

《進め方》
①真ん中の円に、自分を表す「私」「おれ」「自分」などを書き入れます。
②円から線を引き出し、記入例のように、あなたの「リソース」（あなたを元気づけてくれる人・モノ・場所など）を思い出して書き、円で囲みましょう。文字だけでなく、イラストでもいいです。
③そのとき、あなたへの影響力の大きさを、文字やイラストの大きさ、線の太さなどで表しましょう。
④グループ内で、順番に、ワークシートを見せながら説明しましょう。友だちの話は黙って聴き、終わったら拍手で感謝を伝えましょう。
⑤最後に、書いていて感じたこと、友だちの話を聴いて感じたことを書きましょう。

記入例

● 自分のことを書き出して感じたことと、友だちの話を聴いて感じたことを書きましょう。

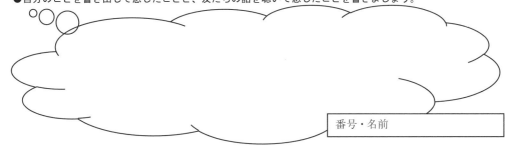

番号・名前

私のリソース
あなたを元気にしてくれる人は？ 物は？ 場所は？

《ワークの目標》　1．自分で思い出して書いて、見せながら伝えよう。
　　　　　　　　2．友だちのリソースは何かな？　よく聞いてみよう。

《進め方》
①右の絵のように、あなたを元気にしてくれる人や物や場所（リソース）を書きましょう。大きさや線の太さを工夫して大切さをあらわしましょう。
②ワークシートを見せながら、グループの人たちに説明しましょう。聞く人はだまって聞きましょう。終わったら、拍手をして、お礼の気持ちを伝えましょう。
③書いていて感じたこと、友だちの話を聞いて感じたことを書きましょう。

●このワークで感じたことを書きましょう。

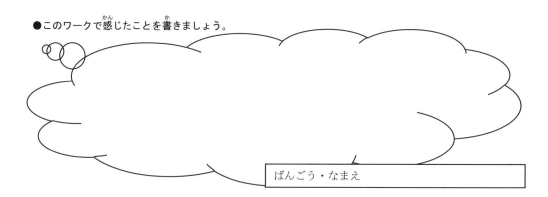

ばんごう・なまえ

私のリソース ＜好きな食べ物＞

《ワークの目標》 1．自分で思い出して書いて、見せながら伝えよう。
　　　　　　　　2．友だちのリソース（好きな食べ物）は何かな？　よく聞いてみよう。

《進め方》
①右の絵のように、あなたの好きな食べ物を書きましょう。
　とても好きなものは大きく書いたり、線を太くしたりしましょう。
　イラストを描いてもOKです。
②ワークシートを見せながら、グループの人たちに説明しましょう。
　聞く人は黙って聞きましょう。終わったら、拍手をして、話してくれた
　ことへの感謝の気持ちを伝えましょう。
③書いていて感じたこと、友だちの話を聞いて感じたことを書きましょう。

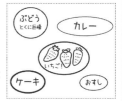

●このワークで感じたことを書きましょう。

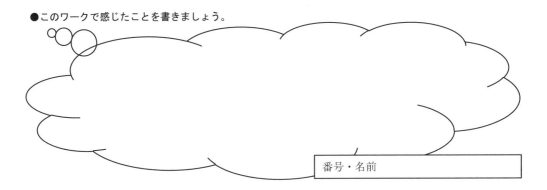

番号・名前

4 キャリア教育のスタートに効果的な「私の通学路」

このワークシートのねらいは…

　話す力・聞く力を向上させる効果とともに、キャリア教育に必要な「自己開示」や「自己理解」のトレーニングに役立ちます。「通学路」は誰もが体験していて、みんな違っていることがメリットです。また、少々傷ついた体験も「昔の話」なので、生々しくなく、比較的安全に思い出して話すことができます。

こんなふうに使います！

1. 4～5人のグループ席になります。
2. まず「ワークの目標」を説明し、各自がワークシートに書きます。10～15分で全員が書き終わるように、観察・支援を丁寧に行います。
3. グループ内でワークシートを見せて説明する順番を決めさせ、「1番目の人、2番目の人…」と手を挙げさせて確認します。
4. 説明は1人1～2分とし、「そろそろ次の人に進んでください」などと言ってコントロールします。

* A4サイズのワークシートでも十分楽しめますが、A3サイズくらいのケント紙や画用紙をワークシートにして、クレパスやサインペン、マーカーなどを用いてカラフルに描かせると、子どもたちは喜びます。高校生はクレパスを使うことで小学生の気分を味わうようです。

* 42ページのプリントは、私が高校でキャリア教育のスタートに使っていたときの解説です。担任が「私の通学路」を冒頭で説明する構造になっています。先生の小学校のころの話を聞くチャンスは少ないので、子どもたちはとても喜びます。先生の「自己開示」が子どもたちの自己開示のモデルになるという効果もあります。子どもたちと担任の先生の相互理解を深めるきっかけにもなります。

* 43ページのワークシートは小学生向けです。学年によってアレンジが必要だと思います。小学生には大きなワークシートとクレパスなどが効果的だと思います。

留意点＆困ったときの対応のヒント

　ごくまれに「通学路がほとんどない子ども」がいます。「隣が学校だった」「電車で通っていた」「車で送り迎えしてもらっていた」などです。この場合は、43ページのように「思い出の道」などに変更するとよいと思います。

私の通学路

《ワークの目標》 1．自分の過去の思い出を人に話してみよう。
　　　　　　　　2．友だちの過去の話を聞いて、友だちを深く理解しよう。

《進め方》
①小学校のときの、あなたの家から小学校までの通学路を、図で書いてください。
②通学路にはいろいろな思い出があると思います。思い出に残る場所や出来事も、その中に絵や言葉や記号で表してください。
③書き終えたらその図（絵）を見せながら、グループの人たちに、あなたの通学路の思い出を話してください。
④書いていて感じたこと、友だちの話を聞いて感じたことを書きましょう。

●このワークで感じたことを書きましょう。

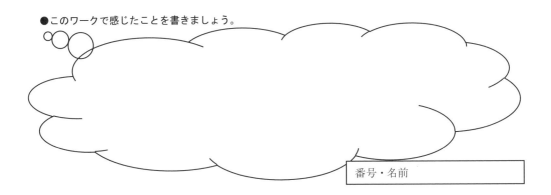

番号・名前

私の通学路

《ワークの目標》 1．自分の過去の思い出を人に話してみよう。
2．友だちの過去の話を聞いて、友だちを深く理解しよう。

*ここでは、以下の2点について説明します。
①このワークは、皆さんが自分のキャリアを考えるための第一歩です。その意味について説明します。
②担任が小学生だったときの「私の通学路」を発表します。それも含めた進め方を説明します。

《キャリア学習の意味》

　キャリア学習（教育）は、キャリア発達理論に基づいて自分のキャリア形成について学ぶことです。ここでいうキャリア（career）とは、「人生の一連の出来事*」という意味です。つまり、キャリア学習とは「大学進学」「就職」という人生の一時期のことだけを近視眼的に考えるのではなく、「生まれてから死ぬまでの自分の人生の全体」を考えることです。自分はどんな人生を歩きたいのか、何を大切に生きていくのか…などをじっくりと考えることから始めて、その自分の人生を築くために、どんな仕事に就くのか、そのために高校や大学で何を学ぶのかを考えることです。

　しかし私たちは、自分のことを全部わかっているわけではありません。自分が他人とどう違うのかも、ちゃんとは理解できていないのではないでしょうか。そこでキャリア学習では、自分の人生を振り返ることを重視します。自分の過去を振り返ると、いろいろな体験をし、さまざまなことを感じてきました。それらを振り返り、言葉にしたり、同時に、友だちや異なる世代の人の話を聞いたりすることで、自分と他人との違いがはっきりしてきます。こうして私たちは、他者との比較を通して自分自身をより深く理解していきます。自分の進路を考えるときに、この作業はとても大事です。

　この「私の通学路」では、小学生の頃の少し恥ずかしいことや、傷ついた体験も思い出すかもしれません。しかし、かなり過去のことなので話ができると思います。そのことで過去の出来事に対して新しい気づきを得ることもあります。このような「振り返りと気づき」や「自己開示」が、キャリア学習には不可欠です。このワークはその第一歩です。積極的に取り組んでください。

《担任の「私の通学路」から始める》

　最初に担任が黒板に大きく掲示した「私の通学路」をもとに話します。大人の「私の通学路」の話を聞くことは稀だと思いますので、真剣に聞いてください。そして、自分が「私の通学路」を書く際や、友だちに説明する際のモデルにしてください。担任も個人的な体験を話します。話が終わったら、拍手をお願いします。

　そのあとは、ワークシートに書いてあるとおりに進めてください。

*アメリカのキャリア研究者であるドナルド・E・スーパーの定義。

思い出の道

《やってみよう》 1．思い出の道を書いて、友だちに話してみよう。
　　　　　　　　2．友だちの話をだまってよく聞こう。

《やり方》
①楽しい思い出のある道の絵を書きましょう。
　例えば…「おうちからようちえんまでの道」「おうちから近くのお店までの道」
　　　　　「はじめてのおつかいで行った道」「おじいさんやおばあさんのおうちのまわりの道」など
②グループで絵を見せながら、どんな楽しいことがあったかを話しましょう。
　ちょっと悲しいことを話してもいいですよ。

●この時間、どんな気持ちがしたか書きましょう。

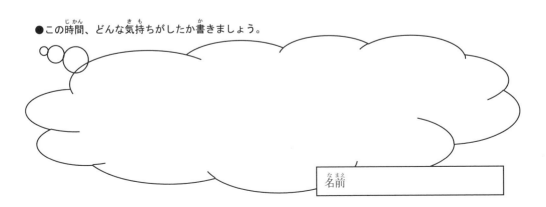

名前

5 人生を意識させる
「私の人生　これまで・これから」

このワークシートのねらいは…

　キャリア教育に使えるワークとして開発しました。もとは「ライフ・ライン」として有名なワークです。自分の人生をグラフのように書いて表して、それをグループ内で共有するワークです。自分の人生に対する理解と、他者の人生に対する理解を深めることができます。ただ、高校生は「現在が最低」になる生徒が多いので、「これから」をつけて、ハッピーエンドになりやすい仕組みにしてあります。

こんなふうに使います！

* 進め方の手順は「私のリソース」「私の通学路」とほぼ同じです。同じ展開を続けることは子どもたちにとっては安心材料になります。また「○○分で書いてください」「○○分で次の人に進みます」と常に時間を意識させることは教科科目の授業のワークの進め方でも役立ちます。
* 45ページのワークシートが基本型です。46ページのプリントは、キャリア教育を意識した解説と進め方を入れ込んである解説で、私が高校で使っていたものです。内容や進め方はクラスの状況によってアレンジしてお使いください。
* 47ページの小学生用はグラフにせず、「最近起きたうれしいこと・これから起きてほしい幸せになること」として、ポジティブなことだけを書くようにしました。高学年と低学年で使い方は大きく異なりそうです。クラスの子どもたちの発達段階に応じてアレンジしてお使いください。

留意点＆困ったときの対応のヒント

* うつ的な傾向のある子どもには不適切だと思われます。見学させるか、前もって本人と相談し、「こういうワークをやるけど、無理をしないでね」「見学してもいいし、保健室か図書室で休んでいてもいいよ」などとすることをおすすめします。校内にカウンセラー等がいる場合には、事前に相談してください。
* クラスの雰囲気がよくない場合にもこのワークは不適切です。いじめ等のきっかけになりかねません。そうしたことが懸念される場合は、グループワークにしないで、個人で書かせて提出させ、二者面談などで使う資料にするほうが適切です。クラスの子どもたちを十分に理解できた2学期以降に実施の判断をすることをおすすめします。

私の人生 これまで・これから

《ワークの目標》
1. 自分の人生を意識し直してみよう。
2. 友だちの人生を聴いてみよう。

《やり方》
① あなたの人生の「これまで」をグラフにして、「これから」も想像して書きましょう。横軸の適当なところに「今」を入れてください。
② 書いたものを見せながら、友だちに説明しましょう。

最高

普通

最低

← これまで →　　　← これから →

年齢

● 書いているときや書き終えたときの気持ちはどうでしたか？

● ワーク全体の感想や気づきを書いてください。

名前

私の人生 これまで・これから

《ワークの目標》 1．自分の人生を意識し直してみよう。
　　　　　　　　2．友だちの人生を聴いてみよう。

＊ここでは、以下の2点について説明します。
①このワークは、皆さんが自分のキャリアを少し深く考えるためのワークです。その意味と効果について説明します。
②担任の「私の人生これまで・これから」を発表します。それも含めた進め方を説明します。

《キャリア学習の意味》

　キャリア学習（教育）は、キャリア発達理論に基づいて自分のキャリア形成について学ぶことです。ここでいうキャリア（career）とは、「人生の一連の出来事*」という意味です。つまり、キャリア学習とは「大学進学」「就職」という人生の一時期のことだけを近視眼的に考えるのではなく、「生まれてから死ぬまでの自分の人生の全体」を考えることです。自分はどんな人生を歩きたいのか、何を大切に生きていくのか…などをじっくりと考えることから始めて、その自分の人生を築くために、どんな仕事に就くのか、そのために高校や大学で何を学ぶのかを考えることです。

　しかし私たちは、自分のことを全部わかっているわけではありません。自分が他人とどう違うのかも、ちゃんとは理解できていないのではないでしょうか。そこでキャリア学習では、自分の人生を振り返ることを重視します。自分の過去を振り返ると、いろいろな体験をし、さまざまなことを感じてきました。それらを振り返り、言葉にしたり、同時に、友だちや異なる世代の人の話を聞いたりすることで、自分と他人との違いがはっきりしてきます。こうして私たちは、他者との比較を通して自分自身をより深く理解していきます。

　今回は「私の人生 これまで・これから」という題名で自分の人生をグラフ化することで、自分の人生を振り返ります。誰でも不幸が続いていると感じているときは「自分の人生は不幸だらけだ」と感じがちです。しかし、冷静に振り返ってみると、そうではないことに気づくものです。他の人の人生を聞かせてもらうと、他の人もいろいろと苦労していることがわかります。それらの体験があなたの人生を少し見つめ直すことにつながることを期待しています。このような「振り返る→気づき」や「自己開示」がキャリア学習には不可欠です。このワークはその第一歩です。積極的に取り組んでください。

《担任の「私の人生これまで・これから」》

　最初に担任が黒板に大きく掲示した「私の人生 これまで・これから」をもとに話します。大人の「私の人生 これまで・これから」の話を聞くことは稀だと思いますので、真剣に聞いてください。そして、自分が「私の人生 これまで・これから」を書く際や、友だちに説明する際のモデルにしてください。担任も個人的な体験を話します。話が終わったら、拍手をお願いします。

　そのあとは、ワークシートに書いてあるとおりに進めてください。

＊アメリカのキャリア研究者ドナルド・E・スーパーの定義。

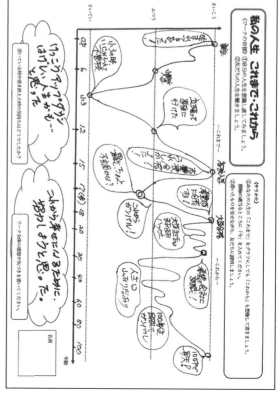

最近起きたうれしいこと・これから起きてほしい幸せになること

《やってみよう》
① 最近あなたが「うれしかったこと」「幸せだと感じたこと」や、これから起きてほしい「うれしくなること」「幸せになること」を書きましょう。言葉や絵や色で書いてもいいです。それを友だちに見せながらお話してください。
② 友だちのお話をだまって、しっかり聞いて、おわったら拍手で「ありがとう」の気持ちを伝えましょう。

最近起きた「うれしかったこと」「幸せだと感じたこと」など

これから起きてほしい「うれしくなること」「幸せになること」など

● このワークの感想を書いてください。

名前

6 教科授業の導入でも役立つコンセンサスゲーム①
「月世界で遭難」

このワークシートのねらいは…

コンセンサスゲームの一般的なねらいは、「対話スキル」の向上です。しかし私は、これを物理授業改善の最初の授業に取り入れて大きな効果を得ました。「一人でウンウン考える」よりも「みんなでワイワイ考える」ほうが正解に近づくという体験は、教師の「少ない説明」と「長めのワーク」のほうが成績が上がる、大学受験に効果がある、と感じさせることができます。

こんなふうに使います！

1. ワークシートを準備します。50〜51ページをＡ４サイズの表と裏に印刷します。52ページの「解答解説」は片面印刷します。
2. 子どもたちを５〜６人のグループ席にします（私の経験では、３〜４人以下のグループではあまり効果がありません）。
3. 両面刷りのワークシートを配付し、「月世界で遭難」の状況説明文を読み上げ、個人の優先順位を考えて「自分の結論」の欄に記入させます。〔目安の時間：５分間〕
4. 「話し合うときのルール」（次ページ参照）を説明して、グループとしての結論が出るまで話し合いをさせます。〔20分間〕
5. 「解答解説」を配付し、ワークシートの裏の各欄に記入・計算をさせます。〔５分間〕
6. 全員が集計・分析を終了したことを確認したら、「個人よりグループの結論のほうが正解に近かった人、手を挙げて」と質問します（７〜９割の子どもの手が挙がり、どよめくと思います）。「今わかったことは、『一人でウンウン考えるより、みんなでワイワイ考えるほうが正解に近づく』ということです」と説明します。
7. 最後に振り返りを書かせます。

留意点＆困ったときの対応のヒント

* 「グループの結論のほうが正解に近づく」という結果を出すためには、進め方にコツがあります。次ページを参考にしてください。
* 「解答解説」を配付しないで、53ページの簡略版を使って、クラス開きのために使う方法もあります。簡略版は、小学校高学年や中学生でも使えると思います。
* 実はこのワーク、教員研修会でもおすすめです。

〈必ず成功させるためのワークの進め方〉

①プリント配付から個人作業を素早く行い、隣同士でおしゃべりできないように進める。そのためには、前もってプリントをグループの人数分の束にしておいて、グループ席に素早く置いていき、全員に行き渡ったかどうかを"確認しないで"、状況説明を読み始める。子どもたちは隣と相談する余裕がなくなる。

②状況説明を読み終えたら、「自分の結論を書いてください。制限時間は5分です」と明示し、机間巡視をして、遅い子どもに「あと○分だよ。急ごうね」などと声かけする。それでも終わらない子どもには「あとどれだけで終わりますか?」「1分で終わります」「じゃ、1分ね。他の人はちょっと待っててね」などと進める。ここで全員が終わっていないと、最後の集計・分析ができない。

③グループでの話し合いの冒頭に、順番に各自の結論を読み上げて、それぞれのワークシートに一覧にしてから話し合いを始めさせる(これで話し合いはスピードアップする)。制限時間は20分間として、タイマー表示などをすると効果的。

④グループで「話し合うときのルール」:じゃんけんはダメ/多数決もダメ/詳しい人が一人で仕切るのもダメ/黙っている人を一人でもほうっておいてはダメ/必ず全員で納得して決める

⑤20分間で必ず全グループが結論を出せるように、きめ細かい観察と支援を続ける。「あと10分だけど、終わりますか?」「まだ、4つしか決まっていないの? 急がないと間に合わないよ」「制限時間内に決まらないと、みんな死んじゃうんだよ〜」などと、ユーモアを交えながら焦らせることも必要。

⑥制限時間になったら、全グループが終わったかどうかを必ず確認する。終わっていなかったら、そのグループだけ延長して、終わらせる。

⑦終了後に「解答解説」を配付すると、子どもたちは意外な「理由」に驚くと思うので、しばらくフリートークをさせ、その後、集計・分析の指示をする。

⑧集計・分析では、まずワークシートの裏の「正解の順位」の欄に転記することを伝え、計算の仕方はワークシートを読んでグループで協力するように指示する。〔B〕の点数はグループの中では同じなので、先に計算できた人の結論を共有するように指示すると、早く進む。

⑨全員が〔A〕と〔B〕の計算が終わり、どちらの数字が高いかがわかっていることを確認する。そして、この数字は正解からの距離を表しているので、小さいほど正解に近いことを説明してから、「自分の結論よりグループの結論が正解に近い人(点数が小さい人)、手を挙げてください」と指示する。

＊もう少し補足があります。ほんの森出版のホームページの本書の紹介ページから、さらに詳しい補足の解説をご覧いただけます。そちらもご確認の上、実施してみてください。

月世界で遭難

◎グループでよく話し合って、みんなが納得できる結論を出しましょう。

> 月世界で遭難！ あなたの乗った宇宙船が、月面に不時着してしまいました。あなたは、200マイル（320km）離れた太陽の光の当たっている月面上にある母船とランデブー（合流）する予定でした。しかし、荒っぽい着陸であなたの船は壊れ、船の設備もほとんど壊れてしまいました。
> 　残された携帯品は15品目だけです。あなたの宇宙船の船員の生死は、母船に戻れるかどうかにかかっています。太陽の光が当たっている月面上での200マイルの旅のために、最も重要な携帯品を選ばなければなりません。あなたの仕事は、15品目の携帯品に、全員が生存するための重要度順にランクを付けることです。

1. 最初は個人作業です。上の文を読んで、下の表の「自分の結論」の欄に、自分の考える重要度の順位を記入してください（最重要度「1」、最低重要度「15」）。
2. 次にグループで話し合って、グループとしての重要度の結論を出します。
   ① まずは、話し合いの前にグループの人の名前を確認して、下の表の一番上の欄に、全員の名前を書き入れましょう。それぞれの人の「自分の結論」をその下に書き入れてから、話し合うと楽です。
   ② じゃんけんや多数決はダメなどの「話し合うときのルール」を守って「グループの結論」を出し、右端の欄に書き入れます。

	自分の結論							グループの結論
マッチ棒								
宇宙食								
50フィート(15m)のナイロンロープ								
パラシュートの絹布								
太陽熱利用の携帯用暖房								
45口径のピストル2挺								
粉末ミルク1ケース								
100ポンドの酸素タンク								
月面上用の星座図								
自動膨張の救命用ボート								
方位磁石								
水5ガロン（20リットル）								
照明弾								
注射器の入った救急箱								
太陽電池のFM受信送信機								

3．集計・分析をします。
　①下の表に、「自分の結論」と「グループの結論」を転記してください。
　②「解答解説」を見て、「正解の順位」を記入してください。
　③右の説明を読んで、「〔正解の順位－自分の順位〕の絶対値」と「〔正解の順位－グループの順位〕の絶対値」を書き入れ、計算して「絶対値の合計」の〔A〕と〔B〕を求めてください。絶対値の合計が小さいほど「正解に近い」ことになります。

	自分の結論	正解の順位	〔正解の順位－自分の順位〕の絶対値	グループの結論	〔正解の順位－グループの順位〕の絶対値
マッチ棒					
宇宙食					
50フィート(15m)のナイロンロープ					
パラシュートの絹布					
太陽熱利用の携帯用暖房					
45口径のピストル2挺					
粉末ミルク1ケース					
100ポンドの酸素タンク					
月面上用の星座図					
自動膨張の救命用ボート					
方位磁石					
水5ガロン(20リットル)					
照明弾					
注射器の入った救急箱					
太陽電池のFM受信送信機					
絶対値の合計			A		B

絶対値とは？

　数値のプラス、マイナスの記号を省いたものです。例えば、（＋5）の絶対値は5、（－3）の絶対値は3という具合です。
　「正解の順位が3番」で「自分の結論が5番」なら、
　　3－5＝－2
となり、絶対値は「2」です。

自分の結論と正解の差は？〔A〕

グループの結論と正解の差は？〔B〕

　〔A〕より〔B〕のほうが小さいなら、話し合いによって「正解に近づいた」ことになります。それは「よい話し合いができた」と言ってもいいでしょう。
・それはなぜ起きたのでしょうか？
・あなたは何をしていましたか？
・グループにどう貢献できましたか？
・これから話し合いをするときにどんな点に気をつけたいですか？

4．このワークの感想を記入して提出してください。

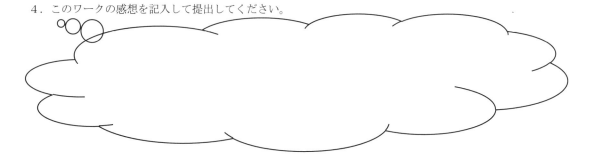

解答解説

コンセンサス・ゲームでの正解の順位（NASAの解答）とその理由は以下のとおりになっています。

	正解の順位	理由
マッチ棒	15	地球でしか使えない、月には酸素がない
宇宙食	4	生存に必要
50フィート（15m）のナイロンロープ	6	安全確保、途中山岳・崖など
パラシュートの絹布	8	日除け、リュック、テント代わり、機材運搬
太陽熱利用の携帯用暖房	13	あまり使えそうにない、宇宙服は外から暖房不要
45口径のピストル2挺	11	統制・指揮のため、精神異常対応、自殺
粉末ミルク1ケース	12	食料であるが、月面では飛散
100ポンドの酸素タンク	1	生存に必須
月面上用の星座図	3	方向を定めるのに必須
自動膨張の救命用ボート	9	ガスを発生する、動力源としての価値、機材運搬、ベッド
方位磁石	14	月では磁気が異なるので使えない
水5ガロン（20リットル）	2	生存に必須
照明弾	10	合図に使える
注射器の入った救急箱	7	宇宙服は注射可能、内服薬は有効
太陽電池のFM受信送信機	5	連絡手段として有効

月世界から脱出

年　　組　氏名　　　　　　　　

◎グループでよく話し合って、みんなが納得できる結論を出しましょう。

月世界から脱出！　あなたたちは宇宙船の乗組員です。月の探検を終えて、あなたたちの宇宙船は迎えにきた母船がいるところに向かっていました。ところが、母船まで100kmのところで、宇宙船が故障して動けなくなりました。
　そこで母船まで自力でたどり着かなくてはなりません。幸い、宇宙船の備品は壊れていませんでした。この中から母船にたどりつくまでに必要なものを持って行きます。その優先順位を考えてください。残っているものは下の表の10個です。

1．上の文を読んで、下の表の「自分の結論」の欄に、自分の考える重要度の順位を記入してください（最重要度「1」、最低重要度「10」）。
2．次にグループで話し合って、グループとしての重要度の結論を出します。
　①まずは、話し合いの前にグループの人の名前を確認して、下の表の一番上の欄に、全員の名前を書き入れましょう。それぞれの人の「自分の結論」をその下に書き入れてから、話し合うと楽です。
　②話し合うとき、「じゃんけん」「多数決」は不可です。「みんな」で話し合って合意（コンセンサス）を得ましょう。しゃべりすぎる人や発言しない人がないよう、お互いに協力しましょう。

	自分の結論						グループの結論
マッチ棒							
食料（宇宙食）							
ナイロンロープ							
ピストル							
酸素45kg入りボンベ							
月から見た星図							
救命用ボート							
20リットルの水							
救急箱							
太陽電池の無線機							

●この時間の感想を書きましょう。

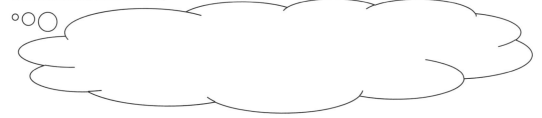

7 教科授業の導入でも役立つコンセンサスゲーム②
「砂漠で遭難したら？」

🔲 このワークシートのねらいは…

「月世界で遭難」と同様に使います。私は高校2年生の物理授業の4月に「月世界で遭難」を、高校3年生の4月に「砂漠で遭難したら？」を実施していました。「クラスの雰囲気づくり」「クラス内の人間関係づくり」の上に、「一人でウンウン考えるより、みんなでワイワイ考えるほうが正解に近づく」ことを体験させ、グループワーク主体の授業に積極的に参加できるようにすることをねらっていました。

🔲 こんなふうに使います！

* 進め方は「月世界で遭難」とまったく同じです。（内容は異なるものの、進め方が同じワークは、教師にとってスキルアップにとても有効です。繰り返すことによって習熟しますし、クラスが異なることで対応力やワークの内容理解も深まります。積極的に何度も活用してほしいものです。）

* 「自分の結論」より「グループの結論」のほうが「正解に近くなる」ためには、進め方にコツがあります。「解答解説」の〈重要なポイント〉にあるように、グループでの話し合いの方向は、最初に「その場で救助を待つか」と「自力で町まで歩くか」のどちらを選択するかで大きく異なってしまいます。私の体験では子どもたちの大半は「町まで歩く」を選択し、その方向で話し合いを始めます。これでは、正解からずれていきます。

　そこで、次のようにリードします。話し合いが始まって5分程度たったところで、「各グループの方向性について聞きます。『町まで歩く』方針のグループは手を挙げてください。『その場で救助を待つ』方針のグループは？」と質問します。その上で、「専門家によるアドバイスです」と称して「解答解説」の〈重要なポイント〉を説明します。これによって、全グループが「その場で救助を待つ」方針に変更します。

🔲 留意点＆困ったときの対応のヒント

「自分の結論」のほうが「グループの結論」より正解に近くなる個人やグループが出現するかもしれません。これは、話し合いの方法を伝えるチャンスになります。「正解の意見を持っていたのに言わなかった（言えなかった）」か「正解の意見をグループメンバーが拾えなかった」ことに原因があります。この理由と対応の詳細は、ほんの森出版のホームページの本書の紹介ページにある、補足の解説をご覧ください。

砂漠で遭難したら？

　　　　　　　　　　　　　　年　　組　氏名

◎グループでよく話し合って、みんなが納得できる結論を出しましょう。

　7月中旬のある日、午前10時頃、あなたたちが乗った小型飛行機は、アメリカ合衆国の南西部にある砂漠の中に不時着しました。不時着した際、飛行機は大破炎上、操縦士と副操縦士は焼死しましたが、あなたたちは奇跡的に大きな怪我もなく無事でした。

　不時着はあまりに突然で、無線で救援を求める時間もなく、また現在位置を知らせる時間もありませんでした。しかし、不時着する前に見た周りの景色から、あなたたちは飛行プランに示されているコースから約100km離れたところにいることがわかっていました。また、操縦士は不時着前に、最も近くの居住地は約110km南南西にあることだけをあなたたちに告げていました。この付近はまったく平坦で、サボテンが生えている他は不毛の地域です。不時着直前の天気予報では、気温は約43℃になるだろうと言っています。それは、地表に近い足もとでは50℃にもなるだろうことを意味しています。

　あなたたちの服装は軽装（半袖シャツ、ズボン、靴下、タウンシューズ）で、各々、各1枚のハンカチとサングラスを持っています。また、全員で8ドルばかりの小銭と100ドルの紙幣、1箱のタバコとボールペンが1本あるのみです。ただ飛行機が燃えてしまう前に、あなたは次の12の品物をかろうじて取り出すことができました。

　あなたたちの課題は、これらの12の品物を、あなたたちが生き残るために最も重要と思われるものから順番に、1から12までの順位をつけることです。生存者は、あなたたちのグループのメンバーと同数であり、またみんなが協力しあうことを同意しています。

1．最初は個人作業です。上の文を読んで、下の表の「自分の結論」の欄に、自分の考える重要度の順位を記入してください（最重要度「1」、最低重要度「12」）。

2．次にグループで話し合って、グループとしての重要度の結論を出します。まずは、話し合いの前にグループの人の名前を確認して、下の表の一番上の欄に、全員の名前を書き入れましょう。それぞれの人の「自分の結論」をその下に書き入れてから、話し合うと楽です。

	自分の結論							グループの結論
懐中電灯（乾電池が4つ入っている）								
ガラス瓶に入っている食塩（1000錠）								
この地域の航空写真の地図								
1人につき1リットルの水								
大きいビニールの雨具								
「食用に適する砂漠の動物」という本								
磁石の羅針盤								
1人1着の軽装コート								
弾薬の装填されている45口径のピストル								
化粧用の鏡								
赤と白のパラシュート								
約2リットルのウォッカ								

3．分析をします。
　①下の表に、「自分の結論」と「グループの結論」を転記してください。
　②「解答解説」を見て、「正解の順位」を記入してください。
　③右の説明を読んで、「〔正解の順位－自分の順位〕の絶対値」と「〔正解の順位－グループの順位〕の絶対値」を書き入れ、計算して「絶対値の合計」の〔A〕と〔B〕を求めてください。絶対値の合計が小さいほど「正解に近い」ことになります。

絶対値とは？

　数値のプラス、マイナスの記号を省いたものです。例えば、（＋5）の絶対値は5、（－3）の絶対値は3という具合です。
　「正解の順位が3番」で「自分の結論が5番」なら、
　　3－5＝－2
となり、絶対値は「2」です。

	自分の結論	正解の順位	〔正解の順位－自分の順位〕の絶対値	グループの結論	〔正解の順位－グループの順位〕の絶対値
懐中電灯（乾電池が4つ入っている）					
ガラス瓶に入っている食塩（1000錠）					
この地域の航空写真の地図					
1人につき1リットルの水					
大きいビニールの雨具					
「食用に適する砂漠の動物」という本					
磁石の羅針盤					
1人1着の軽装コート					
弾薬の装填されている45口径のピストル					
化粧用の鏡					
赤と白のパラシュート					
約2リットルのウォッカ					
絶対値の合計			A		B

自分の結論と正解の差は？〔A〕

グループの結論と正解の差は？〔B〕

　〔A〕より〔B〕のほうが小さいなら、話し合いによって「正解に近づいた」ことになります。それは「よい話し合いができた」と言ってもいいでしょう。
・それはなぜ起きたのでしょうか？
・あなたは何をしていましたか？
・グループにどう貢献できましたか？
・これから話し合いをするときにどんな点に気をつけたいですか？

4．このワークの感想を記入して提出してください。

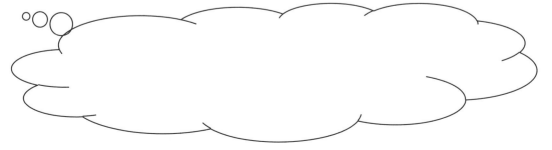

解答解説

専門家によるポイントの解説と、正解とその理由は以下のとおりです。

〈重要なポイント〉
　最初の分かれ道は、「自力で町まで歩くか」「その場で救助を待つか」です。これによって、持っていく品物の優先順位も変わってきます。
　正しい選択は「その場で救助を待つ」です。
　専門家によれば、「飛行機が墜落して、2時間以内に発見される確率は80%」だそうです。
　砂漠の中を110kmも歩くのは不可能であり、死に近づくばかりです。そこで、動かずに脱水を防ぎ、1か所で待つほうが助かる確率が高くなります。

　もう1つの選択肢は、「短期戦か？」「長期戦か？」の予測です。
　上述のように、80%は2時間以内に発見されています。ということは、「短期戦」になることのほうが、可能性としては高いということです。夜までいる、何日も助けを待つ、ということはあまり考えないほうがよいそうです。

	正解の順位	理　由
懐中電灯（乾電池が4つ入っている）	4	夜の救助に光を使って知らせるため
ガラス瓶に入っている食塩（1000錠）	12	塩は血液濃度を上げたり、脱水症状を促進してしまうため
この地域の航空写真の地図	9	周辺の地形を知るために必要だが、捜索隊に発見されることを目的とするため、あまり必要ない
1人につき1リットルの水	3	生存には不可欠だが、捜索隊に発見してもらうことが最優先である
大きいビニールの雨具	6	砂嵐から身を守るため
「食用に適する砂漠の動物」という本	10	動物を捕まえるのは体力を消耗し、脱水症状を促進するため
磁石の羅針盤	8	町に向かっていくために必要だが、捜索隊に発見されることを目的にすると、あまり必要ない
1人1着の軽装コート	2	太陽光線を肌に浴びさせないようにする。夜の寒さよけにもなる
弾薬の装填されている45口径のピストル	7	ピストルの音で知らせるため。また、仮に動物に襲われそうになったら射殺する
化粧用の鏡	1	鏡はかなり遠距離まで光が届き、捜索隊への信号になる
赤と白のパラシュート	5	広げて空からの目印にする
約2リットルのウォッカ	11	ウォッカを飲むとよけいに喉が渇き、脱水症状を促進してしまうため

8 学校選択・科目選択でも使える 「10年後の私」

このワークシートのねらいは…

　このワークシートは、キャリア教育としての活用を基本的には考えています。「いい学校に入る」「いい会社に入る」だけを目指していくと、入学・入社後に燃え尽き症候群や五月病になるケースがあります。その先の目標を維持し、人生の生き方を意識しながら、学校選択・科目選択（文理選択）をさせたいものです。それらを意識させるためのワークです。

こんなふうに使います！

* 進め方は「私のリソース」「私の通学路」等と同じです。
* 書き方の順序は強調してください。「今を考えてから未来を考える」のではなく、「あなたの人生の原則を意識し、未来のあり方を考え、それから現在に向かって考えてみましょう」とアドバイスしましょう。
* グループの中での交流で最も大事なのは、「人生の原則」を互いに知ることです。「有名になる」「大金持ちになる」を目指す子どももいるし、「平凡でもいいから幸せな家庭を持ちたい」「働くのは少しでお金も少なくても、心豊かに生きたい」などを求めている子どももいます。
　互いに異なる人生観を伝え合うことは意義のあることです。他者の人生を聞かせてもらう貴重な機会です。「黙って話を聞き、感謝の気持ちを込めて拍手をする」という原則を大事にしたいものです。

留意点＆困ったときの対応のヒント

* このワークの一番の留意点は、子どもたちに「一直線型のキャリアモデル」を押し付けてしまう危険性です。ここで設定した人生を歩けない人は「目標を達成できなかった」と傷つくことにもなりかねません。このことは法政大学教授・児美川孝一郎氏が『キャリア教育のウソ』（筑摩書房）などで「ストレーターの研究」として指摘しています。「今の気持ちでとりあえず考えてみる」「キャリア設計は鉛筆と消しゴムでつくる。何度も書き換えるものだ」などのアドバイスをぜひ加えてください。
* これを機会にさまざまな「キャリア発達モデル」についても調べてみましょう。子どもたちを傷つけるキャリア教育にならないように注意したいものです。

10年後の私

人生の原則を意識し、それに向けて「これから」どうするかを考えましょう。

《ワークの目標》
1. どんな人生をどんなふうに生きたいのか書き出してみよう。
2. それに向けてどんな生活をつくっていきますか？

《進め方》
① 下のワークシートに、自分の人生の原則や生き方を考えて、上から1〜4の順番で書き込みましょう。
② それを見せながら友だちに説明しましょう。友だちの話は黙って聞き、終わったら拍手で感謝を伝えましょう。

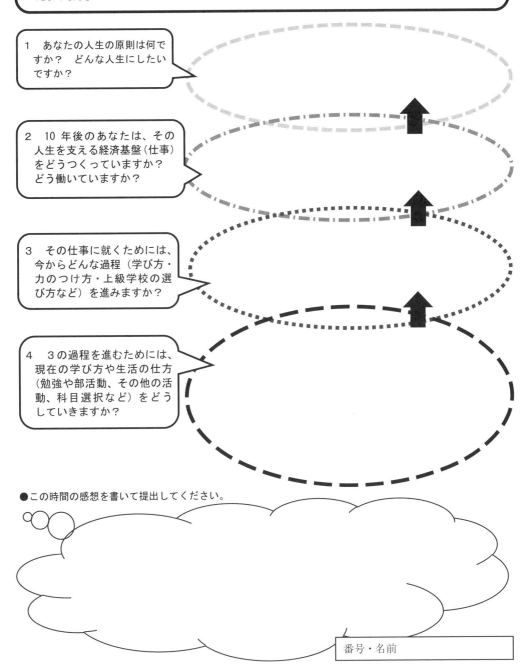

1　あなたの人生の原則は何ですか？　どんな人生にしたいですか？

2　10年後のあなたは、その人生を支える経済基盤（仕事）をどうつくっていますか？どう働いていますか？

3　その仕事に就くためには、今からどんな過程（学び方・力のつけ方・上級学校の選び方など）を進みますか？

4　3の過程を進むためには、現在の学び方や生活の仕方（勉強や部活動、その他の活動、科目選択など）をどうしていきますか？

● この時間の感想を書いて提出してください。

番号・名前

9 二者面談で使える「アクションプラン・シート（GROWモデル）」

このワークシートのねらいは…

　子どもたちとの面談では、ついつい話が脇道にそれたり、時間がオーバーしたりしがちです。前もって質問の計画を立てておくとスムーズに進みます。ここで紹介しているのはコーチングの「ＧＲＯＷモデル」に沿って、進路相談などをテーマにした面談用のワークシート（Ａ３判）です。他のテーマの面談用にも書き換えることができると思います。

こんなふうに使います！

* 事前にワークシートの質問をじっくりと考えて十分に吟味して作成し、印刷しておきます。
* 面談時間が決まっているなら、どこまでを何分でやるかの目安を立てておきます。61ページのワークシートで30分間の面談をするとしたら、私なら以下のスケジュールを立てます。「①～⑤」を10分間、「⑥～⑨」を10分間、「⑩～⑫」を10分間。特に「①～⑤」にあまり時間をかけないことがコツです。この面談では「⑥～⑨」にじっくり時間をかけることが必要です。
* 面談しながら、子どもが答えることを空欄にメモしていきます。時間に余裕があるときは、質問に答えさせて、それを子ども自身に書かせてもよいと思います。
* 終了後にコピーして、１部を子どもに渡します。「家の自分の机の前に貼るとか、見やすいところに置いておいてください」と指示します。１部は担任用に保管します。面談記録として保存できます。あとになって、振り返ることもできます。

留意点＆困ったときの対応のヒント

* 人生の流れやプランの時間軸は現在から未来に向かいますが、質問は未来・目的地（１．Ｇ「ゴール（Goal）」）から始まります。丸数字の順序で子どもに質問に答えてもらいながら、現状や問題などに気づかせていきます。その意図をワークシートの網がけの四角囲みで埋め込んであります。実際に使用する場合は、子どもの発達段階や能力に応じて、このコメントは外します。
* コーチングが役立つのは、子どもがある程度「元気で、意欲があるとき」です。悩みが深そうなときは、カウンセリングに切り替えます。必要な場合は、相談係の先生か、スクールカウンセラーなどに相談することをおすすめします。

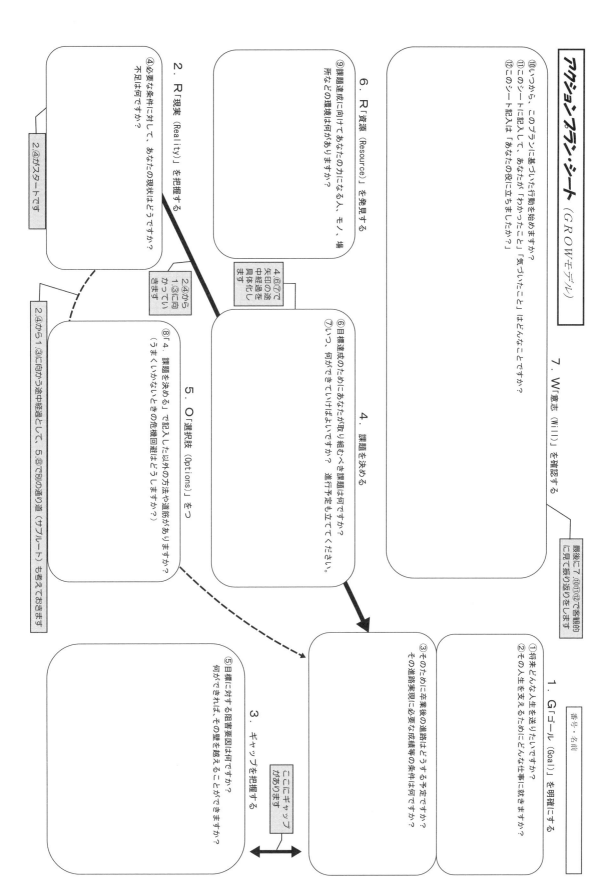

10 子どもたちの「主体的な学び」を引き出す
「AかBか迷ったときに…比較して考えよう」

このワークシートのねらいは…

　子どもから「部活を続けるかやめるか、迷っています」「大学に行くか就職か、迷っています」「退学するか卒業するか、迷っています」などの相談が来たときに、担任としては「部活は続けたほうがいいよ」「大学には行ったほうがいいよ」「中退したら損だよ」などと意見を言いがちです。しかし、それでは子どもたちの「主体的な学び」になりません。子どもたちが、自分で考えてよりよい結論を出せるように支援したいものです。それに役立つ方法です。

こんなふうに使います！

1. 例えば「大学進学か就職か迷っている」という相談なら、A「大学進学」、B「就職」と分けて話を進めることにします。これを①の欄に書かせます。(この面談のときには、できるだけ子どもに書かせます。書かせることで気づきが起き、リフレーミングが起きやすくなります。)
2. そのあとはワークシートに沿って質問していき、書かせます。「質問を受ける→考える→書く→読み返す」のプロセスで、子どもたちの頭の中にさまざまな思いが浮かんでいます。時間がかかることもあります。先生が意見を言わないで待つことが必要です。

* 時間がなかったり長くかかりそうなときには、子どもに考え方の手順を教え、家で考えながら書いて、それを持ってきてもらって翌日に面談、という方法もおすすめです。(私がそのように指示したところ、「書きたいことがたくさん出てきたから」と、ノートに何ページにもわたって書いてきた生徒もいました。)

* 進路選択では「大学に進んでエンジニアになるか、野球を続けるために教師になるか」などの悩みが出てきます。この背景にあるのは「選択不安」ではなく「喪失不安」です。どちらも「捨てない」というアドバイスが効きます。例えば「第1希望と第2希望に分ける」「仕事と趣味に分ける」という考え方です。思春期には多い悩みです。お気をつけください。

留意点＆困ったときの対応のヒント

　このワークがまったく進まず、沈黙や「わからない」が続くときは、カウンセリングが必要な可能性があります。専門家やベテランの先生に相談してください。

AかBか迷ったときに…比較して考えよう

　　　　　　年　　組　氏名＿＿＿＿＿＿＿＿＿＿＿＿

①迷っているAとBを書きましょう。その他の悩みもあれば書きましょう。

A	B	その他

②Aを選んだとき（実現したとき）のあなたにとってのプラス（メリット）は何ですか？
　できるだけ具体的に箇条書きにしましょう。Bについても同じように書き出しましょう。
　書いてみて気づいたことや感想も書きましょう。

Aを選んだときのプラス	Bを選んだときのプラス	気づき・感想

③上とは逆に、Aを選んだときのマイナスは何ですか？　できるだけ具体的に箇条書きにしましょう。
　Bについても同じように書き出しましょう。気づいたことや感想も書きましょう。

Aを選んだときのマイナス	Bを選んだときのマイナス	気づき・感想

④今度はそれぞれをあきらめたときのあなたの気持ちはどうですか？
　それに対してどんなカバーをしますか？　何ができそうですか？
　折衷案（両方の間のやり方、両方を活かすやり方）はありませんか？

Aをあきらめたときの気持ち	Bをあきらめたときの気持ち	折衷案

⑤ここまで書いたものを読み返してみて、今の気持ちはどうですか？

　気づき・感想

11 お説教不要！ 時間感覚を育成する
「書くだけで遅刻がなくなるワークシート」

このワークシートのねらいは…

担任が子どもの指導で手を焼くことの1つに「遅刻指導」があります。私もさまざまなタイプの遅刻常習生徒と出会ってきました。その中には時間感覚の乏しい子どもがいます。普段、時間を意識する生活をしていない子どもたちです。このタイプの子たちにはお説教はあまり役立ちません。むしろ、時間感覚を育成することが役立ちます。そのためのワークシートです。

こんなふうに使います！

* 子どもの遅刻の原因はさまざまです。時間感覚が乏しいことが原因になっているかどうかは、次の質問でおおむね把握できます。「昨夜、何時に寝ましたか（布団に入りましたか）？」「今朝、起きたのは何時？」「昨日の夕飯は何時に食べた？」…これらの質問に「わからない」が多い子どもは、このワークシートが効果的な可能性があります。
* 子どもには、「少し時間を意識できるようになると、遊び時間や好きなことをやる時間が増えるし、ついでに遅刻もなくなるかもしれない。やってみませんか？」と声をかけます。
* 65ページのワークシートを2週間分ほど印刷して、表紙をつけて綴じて渡します。毎日チェックするのはお互いに負担なので、1週間に1回くらい提出させるとよいと思います。
* 毎日、会うたびに「昨夜は何時に寝た？」「今朝は何時に学校に着いた？」「これから帰ると、家に着くのは何時？」などと質問してみてください。最初は「わからない」と返事をしていた子どもが「○○時だと思う」と答えるようになったらしめたものです。
* ワークシートへの記入に慣れてくると、「振り返る→気づき」のトレーニングを毎日やることにもなり、遅刻減少だけでなく、成績向上の効果も期待できます。

留意点＆困ったときの対応のヒント

これがまったく効果がないときは、他の原因の可能性があります。心理的なことが原因ならカウンセリングが役立ちます。睡眠障害の子どもも少なくありません。これは投薬治療で改善することがあります。柔軟な対応を心がけたいものです。

書くだけで遅刻がなくなるワークシート

_____年___組 氏名_____

時刻	したこと
0時	
1時	
2時	
3時	
4時	
5時	
6時	
7時	
8時	
9時	
10時	
11時	
12時	
13時	
14時	
15時	
16時	
17時	
18時	
19時	
20時	
21時	
22時	
23時	
24時	

　このワークシートは、毎日の生活を「書く」ことで自分の生活リズムを意識することを期待しています。
　それができると、不思議なことに、遅刻がなくなったり、無駄な時間がなくなったり、勉強時間が増えたりします。「記録するだけでやせる」といわれる「レコーディング・ダイエット」と同じ原理です。お試しください。

【書き方】
1．夜寝る前に、次のことを思い出して書いてください。
　①今朝、起きた時刻
　②今夜、寝る時刻
　③今日一日の食事をした時刻
　④好きなことをした時刻
2．今日の感想・楽しかったこと・気づいたこと…などのどれか1つを、下の吹き出しに書いてください。

_____月___日（　）天気_____

主な出来事（学校行事など）

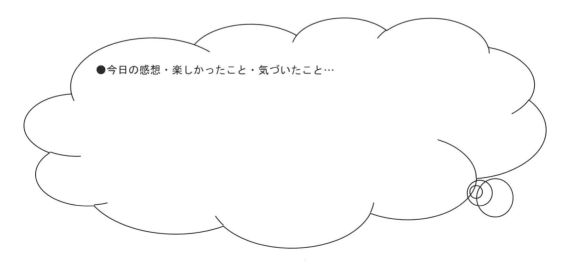

●今日の感想・楽しかったこと・気づいたこと…

第 3 章

【理論編】
ワークシートを用いたグループワークで
「主体的・対話的で深い学び」の
基盤をつくる

第3章のはじめに
授業改善のレバリッジ・ポイントは「担任」！

　第3章で述べたいことは、「主体的・対話的で深い学び」の実現には、担任が重要であるということです。この意味には二重構造があります。1つは、子どもたちにとっての意味です。担任のクラス経営が、新しい授業に対する子どもたちの参加意欲やグループワーク等における活動スキルを左右するということです。もう1つは、授業者でもある担任にとっての意味です。担任としてのクラス経営・生徒指導・キャリア教育・教育相談等のスキルをどう身につけていくかが、授業者としてのスキルを左右するということです。

　たとえて言えば、担任の仕事は第1には、「主体的・対話的で深い学び」の実現という〈林檎の果実〉を実らせるための〈土壌づくり〉です。第2には、その〈土壌づくり〉の過程で担任が身につける考え方やスキルが〈授業者〉としての考え方とスキルを高め、教科授業の質を向上させてより見事な〈林檎の果実〉を実らせる、ということです。

　その〈土壌づくり〉の過程を支える道具の1つが、第1章・第2章で紹介してきた「ワークシートを用いたグループワーク」です。日本の未来を左右する「教育改革・授業改善」の意味や構造を大局的に理解しながら、教室での担任業務に意欲的に取り組む契機になれば幸いです。

レバリッジ・ポイントとしての担任の仕事

　レバリッジ・ポイントとは、「てこの支点」という意味です。複雑に絡み合った問題を前にして、闇雲にあちこちをつついていても徒労に終わることが多々あります。手当たり次第に手を出す前に全体構造を詳細に精査すれば、すべての問題が結びつく重要なポイントを見つけることができます。そのポイントにくさびを打ち込むことで、連鎖する他のすべての問題が簡単にかつ連鎖的に解決します。このようなポイントを「レバリッジ・ポイント」と言います。システム思考などの分野でしばしば用いられる用語です。私は「教育改革・授業改善」のレバリッジ・ポイントは「担任」であるととらえています。その意味について述べることにします。

　2017年から2018年にかけて新「学習指導要領」が告示され、「主体的・対話的で深い学び」の実現・実施に向けて拍車がかかりました。これに先駆けて、

2014年の諮問の段階で登場した「アクティブラーニング」という言葉に反応して、多くの授業改善の動きが起きていました。しかし、それらの動きは順調とは言い難い状況です。

その根本的な理由は、明治時代に「急速に工業化社会に移行するために」創設された日本の学校教育にあります。この学校教育は成功し続けました。列強の植民地になることからも免れ、さらに太平洋戦争敗戦後の大復興も実現しました。この成功続きによって学校教育のみならず社会の隅々にまで浸透した「工業化社会向けの教育の考え方とスキル」の変更は不十分なままに、いきなり「知識基盤社会向けの教育・授業改善」に転換せざるを得なかったがゆえの大混乱が起きているのです。

それが「主体的な学びを強要する」「活動ありて学びなし」などと揶揄される現象を招いています。現場からは「理念はわかるが、方法がわからない」「グループワークは学習規律（授業規律）を乱す」などの悲鳴も上がっています。また、「信頼されている担任は授業がうまい」「怖い担任のクラスではグループワークがうまくいかない」などの事実も散見されます。私は、これらを解決するレバリッジ・ポイントは「担任」だ、ととらえているということです。

第3章の構造

以上のことを詳述するために、この章では以下の構造で論じていきます。

第1節は私の自己紹介です。第1章・第2章で紹介してきたワークシートを開発してきた過程と、その過程で培った力で開発した「主体的・対話的で深い学び」を実現したと自負する高校物理授業の構造について述べます。そこには生徒指導・キャリア教育・教育相談、さらには心理学やビジネス理論をあちこちに埋め込んでいることをご理解いただけると思います。

第2節は、最近の授業改善運動の中で起きているさまざまな問題点を紹介します。根本的な矛盾は「工業化社会に順応した学校教育世界に、知識基盤社会向けの教育を入れること」です。それは必要不可欠ではあるものの、旧い時代の組織構造や私たちの感覚をそのままにしていることで、さまざまな矛盾が発生してきているととらえることができます。

第3節は、その問題解決策の提言です。それが「担任が行う生徒指導・キャリア教育・教育相談等の見直し」です。しかし、ここにも問題山積であることについて述べます。

第4節が具体的な解決策です。その道具は第2章で紹介してきました。ここでは理論的な背景を解説します。担任としての仕事にこれまで以上に意義と楽しさを再発見していただくことができると思います。

第1節　私の自己紹介＆実践紹介

1　担任業務・生徒指導・教育相談・キャリア教育をつなげる

担任⇄生徒指導⇄教育相談

　私は埼玉大学理工学部物理学科を卒業しました。とはいえ、在学中に始めた空手に夢中になり、卒業後しばらくは空手のプロとして生活していました。さらに、大学空手部の監督を12年間務めたのちに、35歳で埼玉県公立高校教員になりました。

　経歴を買われてなのか、最初に赴任したＡ高校は県内有数の"荒れる高校"でした。当然のように生徒指導部に配置され、毎日のように起きる暴力事件、校内喫煙、万引き、対教師暴力などに対応していました。その"武勇伝"はひと晩あっても語りつくせないほどです。

　そんな私は、直属上司の生徒指導部主任に「これからはカウンセリングの時代だ！　勉強してこい！」と説教されました。これを契機に、埼玉県立総合教育センターのカウンセリング関連の講座をすべて受講し、さらに上智大学カウンセリング研究所の研修講座を受講しました。その後も、この過程で知り合った先生に師事し、仲間とともにカウンセリングを学び続けました。埼玉県高等学校教育相談研究会に加入し、しばらく事務局長を務めさせていただいたことも、よい勉強になりました。

　その間も私はＡ高校に勤務し続け、生徒指導部主任も務めました。そして、「中退者数と問題行動数（家庭謹慎などの件数）を半減」「服装違反を一掃」「制服改定に成功」「トイレ内での喫煙一掃」などの成果を上げました。

　そのときとったのは、従来の経験主義的な方法ではありませんでした。教育相談、カウンセリング、「7つの習慣」、「選択理論」などの心理学やビジネス理論を適用することで、生徒や保護者との対立なく、学校を変えることができました。

　主任を降りたのちに、生徒指導部内に新しく「教育相談係」を設置し、みずからチーフになりました。最後の数年間は、相談係と担任業務に専念していました。この時期に、教育相談の視点から、担任の仕事、特に生徒指導の方法を見直そうと取り組んでいました（この経過や成果は、拙著『アクティブラーニングを支えるカウンセリング24の基本スキル』〔ほんの森出版〕に詳しく書きました。カウンセリングに興味のある方は、こちらをご参照ください）。

その最初のチャレンジが第1章で取り上げた「座席表づくり&担任自己紹介」です。この成功に気をよくし、次々に教育相談のスキルを活用して担任の仕事をつくり変えていきました。中途退学する生徒が多い学校でしたが、私のクラスではほとんど中退する生徒はいませんでした。担任指導によってクラスが変わり、子どもたちの人生が変わることを実感した時期でした。

「ワークシート方式」の開発

A高校に11年間勤務したのち、B高校に転勤。教育相談の基盤づくりと理系大学進学率向上と、「キャリア教育のプログラム開発」が私の仕事でした。

先行事例に頼れない時期だったので、泥縄式に学習。カウンセリングの余技として身につけたグループワークが効果的であることを知り、これを提案。しかし、学年担任団からは「ノー」。「小林さんみたいにグループワークの訓練を受けたことのない私たちには無理」との反論はごもっとも。

そこで提案したのが、「ワークシート方式」。自分自身の担任業務を楽にする道具として開発していたこの方法は、"特別な訓練"を受けていない先生たちにも"簡単に使えて安全"というメリットがあることに気づきました。キャリア教育用や担任業務用のワークシートを次々に開発し、仲間に提供し続けました。その一部は、本書の第2章で紹介しています。

担任・生徒指導・教育相談・キャリア教育を一貫した論理で実践したい

ここまでの十数年間の経験は、私にとっては、理想的な学びの過程だったと感じています。担任の仕事のスタートは高圧的・威圧的な生徒指導が中心でした。その生徒指導がなかなかうまくいかないことを感じ始めたころに、カウンセリングを学び、心理学やビジネス理論を学びました。すると、高圧的・威圧的な生徒指導でなくても、クラス経営や学校全体の生徒指導はうまくできることを実感しました。

さらに、キャリア教育を開発実践しながら学ぶ過程で、これも同じ理論で貫かれていることを理解できました。逆に言えば、キャリア教育を学ぶことで私の担任活動・生徒指導・教育相談は深みを増し、共通の理論基盤はますます強固になっていきました。

残された課題が「毎日の物理授業」でした。相変わらずほぼワンウェイの授業で、しばしば居眠りする生徒を叱りつけていました。そのたびに後悔するようになってきました。教育相談やキャリア教育と同じ論理とスキルで物理授業は実践できないものだろうか…。B高校時代にこの悩みが深まっていきました。

2 新しい物理授業の開発と実践

物理授業者としての成功と行き詰まり

　それまでも、それなりには物理授業に自信を持っていました。
　A高校の生徒は、ノートもとらない、居眠りやナイショクは当たり前。定期試験すら寝ているか、おしゃべりをしている生徒続出でした。そこで、「プリント中心の授業」を展開。定期試験は、そのプリントと計算機持ち込み可。すると、試験時間の居眠り・私語は「皆無」。最後までパラパラとパチパチの音だけ。試験の監督に行った先生たちが、「この高校に来て試験監督中に怒鳴らなかったのは初めて！」と喜んでくれました。
　B高校では、大学進学を意識した授業に切り替えて、これも好評。物理選択者数は着々と増加していました。
　しかし…、その形式はほぼワンウェイ。授業中の居眠りはなくなりませんでした。ときどきは、大声で叱責することも…。ところが、私が開発した「キャリア教育」の時間には、8クラス320人の生徒が、1人も寝ていません。これはショックでした。担任としての腕を上げ、生徒指導の腕も上げ、キャリア教育の腕も上げた私には、「教科授業」つまり「物理授業」が次なる大きな問題として浮上してきたのです。

物理授業改善への助走

　5年間在職したB高校では、進学実績を上げるために、当時、ちょうど始まったばかりのAO入試を利用。生徒たちに宣伝し、希望者を集めて指導しました。毎年、十数名が応募し、7～8割以上の合格率を維持しました。
　この中で、新しい授業へのチャレンジをしました。異なる大学を目指し、異なる研究テーマを持つ生徒同士が、グループ学習をする仕組みにしました。子どもたちは相互支援をしながら、着々と腕を上げていきました。
　総仕上げは、多くの先生たちに集まってもらっての「プレゼン大会」。先生たちには「遠慮せずに厳しい質問をしてください。行き詰まったときにどう対応するかも練習ですから」とお願い。結果は先生たちの予想を超え、生徒たちの成長にみんながびっくり。「あのほとんど口を開かない子が、あんなに

立派なプレゼンをやり、堂々と質問に答えるなんて…。夢のようです」と涙ぐんだ担任の先生もいました。現在で言えば、「探究学習」の研究を一人でやっていたようなものでした。

これは大きな自信になりました。次のC高校での3年間は、物理授業をどう変えるかをじっくりと考える時間になりました。「アクションラーニング」「U理論」「学習する組織理論」に触れて、理論的な広がりを持つことができました。私にとって苦手な「生物」の授業を初めて担当したことで、パワーポイントとプロジェクターを使えるようになったことも大きなことでした。道具とそれを使いこなすスキルは不可欠です。

物理授業改善へのジャンプ：新しい授業の概要

C高校を経て、2007年4月、定年退職前の最後の勤務校である越ケ谷高校に転勤しました。物理教員としての私に与えられた課題は、長年低下し続けている物理成績を上げることと、減少し続けている物理選択者数を増加させることでした。進学校で飛躍的に成績を上げるには、授業の大改革が必要だと感じました。そこで、定年退職前の最後のチャレンジをしました。図1は、その授業の概要です。

まず、65分授業を図1のように3つに分割。最初の15分間は「板書・ノートなし」です。スピーディーな説明のために、パワーポイントとプロジェクターを活用。C高校で身につけたスキルが役立ちました。パワーポイントでは次のスライドに進むと、その前のスライドが見えなくなります。そこで、スライドを印刷して生徒に配付。これが「ノートなし」を実現しました。

そして「生徒が教科書や練習問題の解答解説を読めばわかることは説明しない」「繰り返しの説明もしない」という原則をつくりました。スピードアップをねらったこの方法が、「対話的な学び」を促進することもわかりました。

次の35分間は、グループワークによる「問題演習」。「確認テストで全員満点」が目標。「質問、おし

図1　小林の物理の授業プロセス

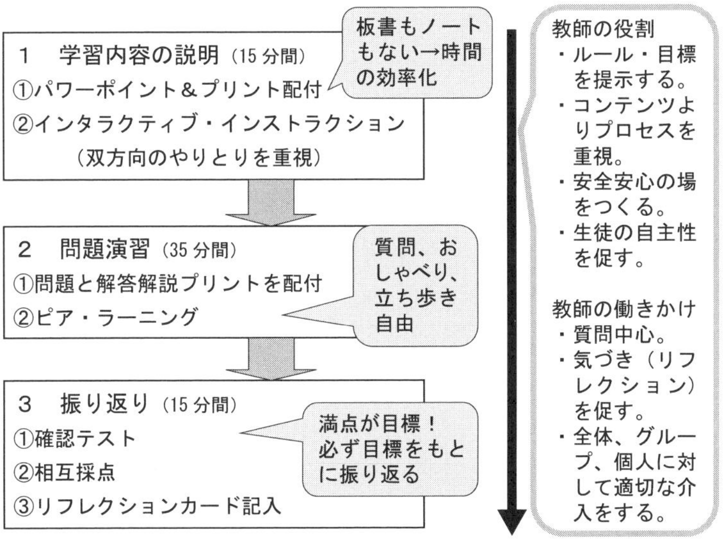

1　学習内容の説明（15分間）
①パワーポイント＆プリント配付
②インタラクティブ・インストラクション
（双方向のやりとりを重視）
　→　板書もノートもない→時間の効率化

2　問題演習（35分間）
①問題と解答解説プリントを配付
②ピア・ラーニング
　→　質問、おしゃべり、立ち歩き自由

3　振り返り（15分間）
①確認テスト
②相互採点
③リフレクションカード記入
　→　満点が目標！必ず目標をもとに振り返る

教師の役割
・ルール・目標を提示する。
・コンテンツよりプロセスを重視。
・安全安心の場をつくる。
・生徒の自主性を促す。

教師の働きかけ
・質問中心。
・気づき（リフレクション）を促す。
・全体、グループ、個人に対して適切な介入をする。

ゃべり、立ち歩き自由」なので、ざわつきます。

最後の15分は、「振り返り」。確認テストと相互採点、「リフレクションカード」記入で終了です。

この授業を毎日続けました。「毎日続ける」ことで、子どもたちがその授業形式に慣れ、その授業を受けるスキルも向上します。

新しい授業の効果

この授業は、あっという間に効果が現れました。しばしば、「新しい授業の成果が現れるのには数年かかる」という声を聞きます。私はそんなことはないと思っています。「居眠り解消」「集中力向上」はすぐに現れました。1～2か月で「成績向上」も現れました。ある程度の経験のある授業者は、よい授業は最初から「これはいける」と実感するはずだと思っています。

毎回の授業で取り始めた「リフレクションカード」のコメントにも、効果が現れていました。「集中できる」「今さら先生に聞けないことも、友だちになら聞ける」「教えてもらって難しい問題が解けた」「友だちに教えたら、もっとよく理解できた」などが続出しました。

定年退職までの6年間で、「センター物理Ⅰ」の平均偏差値は43.9から50.4に上昇し、選択者数は「物理Ⅱ」では22名から62名、「物理Ⅰ」では40名から91名へと増加しました。

「態度目標」「質問で介入」「リフレクションカード」

この授業が成功した要因は、大きく分けると2つになります。1つは、「主体的・対話的で深い学び」を実現する時間配分と構成です。「短い説明」→「なるべく長いワーク」→「振り返り」が役立ちます。

ここで注意してほしいのは「ワークが長ければよいわけではない」ことです。しばしば、「アクティブラーニング」の時間をカウントして何パーセントがワークだったらよいとか悪いとか言われているようですが、そうではないと考えています。上記の全体構造が有機的につながることで、子どもたちはすべての時間で「主体的・対話的で深い学び」を実現できるものです。

その効果を増進するために私が発明したのが「態度目標」「質問で介入するスキル」「リフレクションカード」です。

物理授業の年間目的は「科学者になる（科学的な物の見方・考え方ができる大人になる）」とし、そのために「科学的対話力の向上」を毎時間の目標としました。その「対話力向上」のために「態度目標：しゃべる、質問する、説明する、動く（席を立って立ち歩く）、グループで協力する、グループに貢

献する」を設定しました。この「態度目標」が、「旧いルール（暗黙のルール）：黙っている、じっとしている、きれいにノートをとるなど」を打破するために必要不可欠でした。

それでも「旧いルール」に戻りそうになる子どもたちの意識を高め、行動を変えるために「質問で介入」し、さらに「リフレクションカード」で振り返りをさせるという構造をつくりました。

「氷山モデル」「コルブの経験学習モデル」「安全安心の場」

この背景にある考え方が「氷山モデル」です。活動を見る視点として「コンテンツ（内容）」と「プロセス（過程）」の二重構造として見る、という考え方です。私はこれを「学習内容」と「学び方」に分けてとらえました。

生徒たちには「内容目標」と「態度目標」として提示しました。「内容目標」は説明・練習問題・確認テストと一貫していますから、生徒たちがブレることはありません。難しいのは「態度目標」です。提示するだけではすぐに「旧いルール（暗黙のルール）」に戻ったり、単なる「おしゃべり・雑談」に終始したりします。これを修正するために多用した理論が、図2の「コルブ（Kolb）の経験学習モデル」です。

とはいえ、批判・禁止・命令では「主体的な学び」を損ないます。そこで編み出したのが「質問で介入」でした。

「グループで協力できていますか？」「みんなで満点に向かっていますか？」「確認テストまであと10分ですが、順調ですか？」などの質問が有効でした。これにより「リアルタイム・リフレクション」を実現していました（松丘啓司著『人事評価はもういらない―成果主義人事の限界』では、ＰＤＣＡサイクルを用いて半年後、1年後に振り返るのではなく、「今、振り返ればよいのだ」と指摘し、「リアルタイム・リフレクション」と呼んでいます）。

このリアルタイム・リフレクションを引き起こすための「質問で介入」が効果を持つには「安全安心の場」が条件です。ギスギスした教室、子どもたちが対立している教室、教師と子どもたちに信頼関係がないクラスでは、「質問で介入」は効果を発揮しません。そのために私は「安全安心の場」の設定と維持に腐心し続けました。

図2　コルブ（Kolb）の経験学習モデル

行動計画をつくる　体験する
具体的な経験　Concrete experience
能動的な試み　active experimentation
内省的な観察　reflective observation
抽象的な概念化　abstract conceptualization
気づく　振り返る

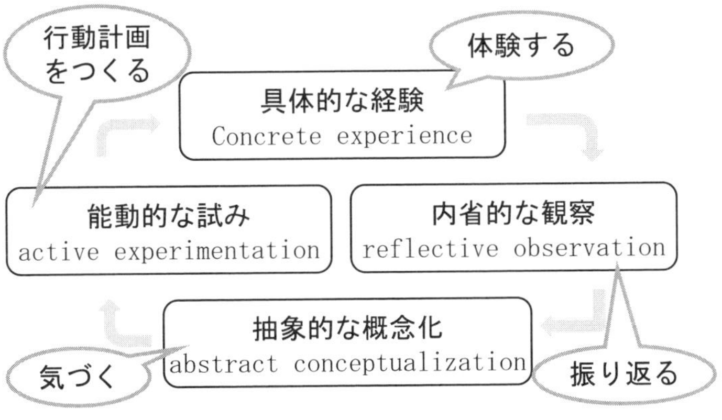

第2節　学習指導と生徒指導の矛盾

1 現場で起きているさまざまな混乱

　前述したように、私が高校物理授業を大改革した目的は「成績向上」でした。そこで、「居眠り一掃」「進度向上」「集中力向上」を実現するために、さまざまな工夫をしました。たまたまＩＣＴ機器を活用したことや、グループワークを多用したことが注目され、その後に登場した「アクティブラーニング」という言葉とともに、私の授業は注目されました。

　定年退職後は、大学で教えるかたわら日本中を回って研修会講師を務め、多くの先生たちの授業を見せてもらっています。そこでいろいろなことが気になるようになってきました。

「アクティブラーニング、やったけどやめました」

　まず第1は、「しばらくアクティブラーニングをやったけど、やめました」という先生たちが大勢いることです。その理由は「教科書が終わらない」「成績が下がった」「子どもや保護者から文句が出た」「授業準備が大変」などです。「子どもたちがグループワークをきちんとやらない」「ただのおしゃべりタイムを入れるより、講義のほうが効率的だ」という理由も出てきます。これを引き合いに「活動ありて、学びなし」という批判の声も出てきています。

　第2は、これらの授業に対して、「グループワークに取り組まない子どもを見逃すからダメなんだ。きちんと注意するべきだ」という指導的立場の人たちの意見があります。極端な場合には「もっと子どもたちを厳しくコントロールするべきだ」「起立・礼をきちんとさせろ」「私語をさせるな」などの声も聞きます。それを引き合いに「強制されるアクティブラーニング」「主体的な学びを強要するアクティブラーニング」などと揶揄する声もあります。

　なぜ、こんなことになっていくのでしょうか…。このままでは「ゆとり教育」の二の舞になってしまうのではないか…、と不安もよぎるのです。

グループワークは子どもをダメにする？

　「グループワークはダメだね。あれを始めてから子どもたちの集中力が下がった。私語が増えて仕方がない」と私に語ってくれた先生たちもいます。それらの先生たちの授業を見せてもらうと、共通する活動があります。

「じゃあ、グループで話し合ってね」と指示をすると、ヒマ（？）になった先生はフロアをうろうろと歩き始めます。黙っていられない先生は、歩きながら、「1番はここに注意するんだよ～」などと話します。このとき、これを聞いている子どもと聞いていない子どもが出てきます。理由は簡単です。先生は「話し合いをしなさい」と「私の話を聞きなさい」という矛盾したメッセージを投げかけているからです。

　子どもの反応は2つです。友だちの話を無視して先生の話を聞くか、先生の話を無視して友だちの話を聞くか、です。いずれにしても、「話している人を無視する」ことを繰り返します。その結果が、全体説明をしている先生の話を聞かない子どもが増えるということになります。つまり「グループワーク」が悪いのではなく、それをさせる先生たちのスキルに問題があると私はとらえています。

　他にも以下のような事例があります。ある先生は「グループワークは子どもたちにやらせるべき」として全部任せます。どんどん無法地帯になっていきます。そのうち、我慢できなくなった先生はお説教を始めます。子どもたちは先生の顔色をうかがいながらワークをします。これは「主体的な学び」とは言いにくい気がします。

　別の先生はグループワークにこまめに働きかけます。話し合わないグループには「話さなきゃダメでしょ」、横道にそれているグループには「そんな話をしちゃダメでしょ」、活発なグループはべたぼめし、質問する子どもには1つ1つ回答していきます。やればやるほど、先生が働きかけ続けないと、グループワークがうまくいかなくなります。「子どもたちはどうして主体的にやってくれないのだろうか？」とため息をつく先生。私には、働きかけ続けていることが子どもたちの依存性を高め、「主体的な学び」を阻害するという矛盾が起きているように見えます。

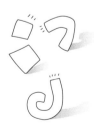

2 子どもたちは矛盾した教育を受けている？

100種類もある「〇〇教育」

　道徳教育、いじめ防止教育、同和教育などの「〇〇教育」は100種類くらいあると、教育学の教授に教えてもらったことがあります。教育相談（カウンセリング）も学校教育に導入されて久しくなりました。ビジネス理論に端を発する「7つの習慣」や精神医学に基づく「選択理論」を学校教育に導入する動きも徐々に増えているようです。

　それはよいことなのですが、なかなか学校全体の教育方法の転換には進まないようです。また、最近は授業改善をテーマに、小中高校に大学の先生や企業やNPO団体などが入って支援することも増えてきました。そういう活動をしている人たちに会うと以下のような話をよく聞きます。

　「職員研修会で先生たちにグループワークをしてもらったり、理論を教えたりはします。子どもたちに向けてロング・ホームルームや特別活動などで話すこともあります。しかし、教科科目の授業には口出しできませんね。先生たちの中には、私たちが見に行くだけで嫌な顔をする人もいますしね」

　要するに、新しい理論やスキルが学校の中に盛んに取り入れられているように見えるものの、肝心な教科科目の分野にはほとんど浸透していないのです。図3は、これに対する私のイメージを図にしたものです。「〇〇教育」が入るのは、学活やロング・ホームルーム、総合的な学習の時間・総合的な探求の時間、放課後の特別な時間などだけです。これらに対して、子どもたちが毎日受けている教科科目の授業時間は圧倒的に長い時間なのです。そのために、せっかく「〇〇教育」の時間に教えてもらったことも、教科科目の

図3　教科授業と「〇〇教育」のイメージ

授業の中で打ち消されがちです。

　具体的に述べます。例えば「いじめ防止教育」では「困っている人を見つけたら助けよう」「困ったらＳＯＳを出そう」「みんなで協力して安全で楽しい学校生活をつくろう」などのメッセージを子どもたちに伝えます。しかし、大半の教科科目の授業の時間には、それとは反対のメッセージが埋め込まれています。「隣に話しかけるな」「友だちに質問するな」「友だちに質問されても答えるな」のメッセージです。最も典型的な場面は、「この答えは何だ？」と質問された子どもが答えられずに、隣の友だちに「えっ、何？」と質問しようとすると、「自分で考えろ！」と怒鳴られたり、その友だちに教えようとした子どもが「余計なことをするな！」と叱られたりする場面です。

　このようにして、せっかく「いじめ防止教育」「キャリア教育」「道徳教育」などで「困ったらＳＯＳを出そう」「困っている人に気がついたら助けよう」と伝えても、学校生活の大半の時間を占める教科科目の授業の中で、その効果が打ち消されてしまうのです。

先生たちもこの矛盾の中にいる

　この矛盾は、先生たちの中にも起きます。教科授業の中でグループワークやペアワークをしばしば取り入れている先生たちの多くが、学習規律（授業規律）の乱れを気にしています。子どもたちが活発に話し合いを始めると、「騒がしすぎるのではないか」「隣の教室に迷惑をかけてはいないか」と気になるという先生は多いものです。

　私も、新しい授業を始めた当初に似たような気持ちを感じていました。授業中に廊下を管理職が通ったときの気持ちです。たまたま授業の冒頭のパワーポイントを用いて説明しているときであれば、少々誇らしい気持ちになりました。ＩＣＴ機器を使っていて、生徒たちが真剣に聴いているからです。逆に、問題演習の時間で生徒たちが立ち歩いているときだと、低く評価されるだろうなと感じていました。つまり、生徒が立ち歩いているのは「学習規律を維持できていない授業」と思われるだろうと感じていたということです。

　他にも、相談係の先生が相談室では優しく穏やかなのに、授業者として教室に行くといきなり叱り始めるのを見て驚いたことがあります。それを質問すると「当たり前でしょ。相談室と授業は別です。教室で優しくすると収拾がつかなくなりますからね」とおっしゃいました。子どもたちに矛盾したメッセージを伝えているということにすら、お気づきではありませんでした。

　要するに子どもたちも教師の皆さんも、「学習指導と生徒指導の矛盾」に振り回されているということです。その根本は、「工業化社会向けの教育」と「知識基盤社会向けの教育」の矛盾です。この矛盾が激化してきているのです。

３ 解決策は同じメッセージを伝える包括的アプローチ

授業者と担任が抱える矛盾

　前述した教育相談担当者と授業者の矛盾は、担任と授業者の間にも起きます。日本の学校システムでは、「授業を担当していない担任」はほとんどいないので、この矛盾はいたるところに存在することになります。
　まず、担任の主な仕事は「子どもたちを管理すること」になりがちです。本来は「教育をする」べきですが、学年主任や管理職からは「管理できているかどうかを追及される」場面が多いからです。
　「あなたの教室は掃除ができていない。掲示物をきれいに貼りなさい」
　「あなたのクラスは遅刻・欠席が多い。ちゃんと指導しなさい」
　「また不登校の子どもが出たの？　どんな指導をしているの？」
　「テストの平均点が低いじゃない。家庭学習時間をもっと増やしなさい」
という具合です。
　そうすると担任は、子どもに批判・禁止・命令を連発します。
　「掃除当番はちゃんとやれ。汚かったら来週もペナルティー当番だ！」
　「遅刻するな！　明日も遅刻者がいたら全員で居残り勉強だからな！」
　「続けて休んでいる子のところに行って学校に連れてこい！」
　「家庭学習時間を全員１時間増やせ。できないやつは居残りだ！」
　毎日こんな指導をしている担任が、教科科目の授業の際に、
　「じゃ、グループになって自由に話し合ってください」
　「登場人物はどんな気持ちでしょうか？　グループで自由に意見を出し合ってください」
　「教科書に書いてあることだけじゃなくていいんだよ。思いつきでいいから、どんどん挙げてみてね」
　「グループを離れて立ち歩いてもいいんだよ。あちこち見て回ってもいいからね」
などと指示しても、子どもたちに言葉どおりの意味で伝わるでしょうか。
　私は、多くの子どもたちの内心を以下のように推測しています。
　「黙っていたら叱られそうだね。何か声を出していようよ」
　「何でもいいわけないよね。あまり無茶な意見は言わないようにしよう」

「これって『立ち歩け!』ってことだよね。立ち歩かないとあとで叱られるから、行かなくちゃ。おい、一緒に行こうよ」

要するに、子どもたちはいつも「忖度（そんたく）」するようになります。忖度させることは巧妙な強制です。これでは「主体的な学び」は実現しそうにありません。

多面的・包括的なアプローチの必要性

この問題はすでに生徒指導の研究分野でも問題になっています。このような指導・支援の矛盾を修正するべきだという考え方が広がりつつあります。

その1つが、図4に示すような「多面的・包括的なアプローチの必要性」です。さらに、その考え方を「教科科目の授業にも適用するべきだ」というのが、図5です。

本書で、この生徒指導論を取り上げる余裕はないので、独立行政法人教職員支援機構の「校内研修シリーズNo13」で新井肇氏（関西外国語大学教授）が行っている「生徒指導」の約30分間の動画講義を参考にしてください（http://www.nits.go.jp/materials/intramural/013.html）。レジュメもダウンロードできるようになっています。

なお、新井氏は埼玉県公立高校教諭として教育相談の分野で大活躍された方です。当然、埼玉県高等学校教育相談研究会にも所属されていて、この会の発展をリードしてくれました。私もここで知り合い、大変お世話になりました。その後、兵庫教育大学大学院教授を経て、現職でご活躍の方です。新井氏の専門はバーンアウトの研究です。この「校内研修シリーズ」の中にその講義も収録されています。一見の価値があります。ご参考に。

図4　多面的・包括的なアプローチの必要性

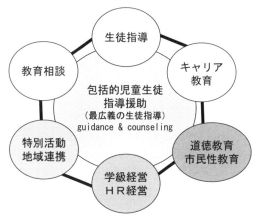

出典：独立行政法人教職員支援機構「生徒指導：校内研修シリーズNo13」

図5　教科授業でも多面的・包括的なアプローチが必要

出典：独立行政法人教職員支援機構「生徒指導：校内研修シリーズNo13」

第3節 「主体的・対話的で深い学び」は担任が支える

1 担任が教科授業を支えている

うまくいかないのは担任が原因？

　　最近の私は、単発の研修会講師を務めるよりも、1つの学校に継続的な指導をすることが増えました。高校だけでなく、専門学校、中学校、小学校でも、校内研究会を立ち上げて、数人の先生たちを継続的に指導することもあります。実践の内容を聞き、困っていることの相談を受け、メンバー全員で話し合いながら、理解を深め、授業スキルの向上を図る活動をすることもあります。

　　そんな中で、高校の先生から、こんな質問が出たことがあります。

　　「同じ授業をやっているつもりなのですが、うまくいくクラスとうまくいかないクラスがあるのです。どうしてですかね？」

　　そこで、いろいろと質問をして、そのクラスでうまくいかない原因を探り、アドバイスをしようと試みました。ところが、いくら聞いてみても、原因が私にはわかりません。

　　「あれ？　ここまでの事実では、なぜこのクラスでだけうまくいかないのか、私にはわかりません。誰か、何か気がついたことがありますか？」と尋ねます。

　　他のメンバーが恐る恐る…という感じで言い始めました。

　　「あの…、実は私もそのクラスに行っています。で、私もそのクラスでうまくいかないんです。小林さんが解決してくれたら私も改善できると思っていたのですけど…。何なんでしょうね？」

　　私も困ってしまいました。

　　すると、また別のメンバーが、「私もそのクラスではまったくダメなんです。子どもたちがグループワークに参加しないというか、自由に話し合う雰囲気にならないんですよね」と言いだし、「え？　みんなそうだったんだね」「気がつかなかったね」となります。こういうことは案外、学校の中でも共有できにくいことなのかもしれません。

　　で、私はみんなに尋ねます。

　　「ということは、うまくいかない理由は授業者側ではなくて、クラスのほうにあるということですかね…？　どんな担任なのですか？」

するとメンバーが互いに目配せをして、「あ、ああ…。小林さん、わかりました」と言いだしました。

「うん？　その様子は、担任に問題があるとみんなが感じているということですか？」

「はい、厳しいんです。ビシビシなんです。子どもは震え上がっています」

これは、私もこれまでの経験から了解できることが多々あります。逆に担任が温かい指導をしていると、子どもたちは穏やかになります。

このあたりのことは小学校の先生たちには当たり前かもしれません。中学校でも比較的わかりやすいことのようです。高校では一種の盲点になっているのかもしれません。

ワーク「座席表づくり＆担任自己紹介」からわかること

第1章で縷々述べたように、入学式直後にこのワークを実施すると、そのクラスは他のクラスと雰囲気ががらりと変わってしまうことがよくわかります。わずか1時間のワークでもそうなのです。

実は今年度、大学でもそれを実感しました。

大学でも担任のような仕事もあります。とはいえ、高校ほど学生と会う機会が多いわけでもなく、さほど濃い関係ではありません。「座席表づくり」なども実施しないできました。たまたま今年度のＳＡ（スチューデント・アシスタント）の2年生が積極的で、「先生、最初にこんなワークをやりましょうよ」と提案してきました。しかし、提案してきたワークは、時間と手間がかかりそうです。むげに切り捨てるのも忍びないので、「もっと簡単なワークを知っているのだけど、これはどう？」と「座席表づくり」のワークシートを見せました。ＳＡが喜んでくれたので、ほんの5分程度、実施してみました。ところが、その5分だけで、このクラスの雰囲気ががらりと変わりました。ＳＡもびっくりして、「先生、魔法みたいです！」と大喜びでした。

このように、短時間でも担任指導がうまくいくと、クラスの雰囲気をつくるということです。担任の影響力は大きいのです。毎日会う中学校・高校の担任なら、その影響力ははるかに大きいものになります。小学校ではすべては担任で決まる、と言ってもいいのかもしれません。

それゆえに、授業改善を進める中で、子どもたちの「主体的・対話的で深い学び」の実現は、実は「担任が支えている」と言っても過言ではないと感じているのです。

② 担任の仕事は生徒指導・教育相談・キャリア教育＋教科授業

担任は授業どころではない??

　35歳で高校教諭になることが決まったときに、好きな物理にかかわって仕事ができることを幸せだと思いました。しかし、その希望はＡ高校に赴任するとともに雲散霧消。学力の低い生徒たちは、分数・小数計算ができず、物理の教科書に出てくる漢字も読めません。「物理」以前の問題山積でした。

　さらに、生徒指導上の問題が多発します。初めての担任のときは入学式直後に担当クラスの新入生に「先生、退学したいんですけど」と言われてびっくり仰天。暴力事件、校内喫煙、校則違反は、ほぼ毎日。生徒指導部主任になると、週に１～２回は、所轄の警察署に出かけて情報交換。

　教育相談係としては、不登校、不純異性交遊、薬物乱用、今でいうＬＧＢＴ、精神疾患、自殺念慮、さらには母親からの離婚相談、父親のＤＶ対応で弁護士と相談することもありました。この傾向は、Ｂ高校以降の高校でも大差ありませんでした。

　専門の物理のことを考える時間よりも、担任業務として生徒指導・教育相談・キャリア教育などにかかわる時間のほうが多いのが実情でした。それが嫌だ、こんなはずではなかった、と感じていた時期もありました。

子どもの成長を目の当たりにする醍醐味

　その後ろ向きの気持ちが変わったのは、カウンセリングがある程度できるようになったときでした。さまざまな原因で傷つき登校できない子どもたちの相談を受けていると、子どもたちの悩みの深さ、心の傷の深刻さ、絶望的な家庭環境などに驚きました。「もう、無理しないで退学したほうがよいのでは…」と内心感じることもしばしば。しかし、カウンセリングでは評価的な反応をすることは厳禁。基本的には話を聴き続けます。

　すると、少しずつ子どもが変化します。少しずつ自分のことを話してくれます。誰にも言えなかった思いを泣きながら語ってくれます。やがて前向きな話をし始めます。「つらいけど、学校に行く」「未来のために進学する」「弟妹のために就職する」…。さらに、ひどい仕打ちをした周囲の大人に対する

深い理解を語ることもあります。「僕に暴力を奮った先生も、つらかったのかもしれない」「僕も『痛い、嫌だ』と言うべきだった」「お母さんも大変なのだと思う。私もいつまでも甘えていてはいけないと思う」…。

ただ聴いているだけの私の前で、子どもたちが成長していきます。子どもたちのほうが私よりよほど大人なのだと感じることもありました。質のよいドラマを一人だけで見ているような気がしたこともあります。これがカウンセリングの醍醐味だと思いました。子どもたちも私も「人間としては対等」の意味がようやくわかり始めました。教師の仕事は何とよい仕事なのかと思いました。

このころから、担任の仕事に前向きになりました。服装指導、頭髪指導、遅刻指導、進路指導（キャリア教育）、三者面談…。あらゆる場面が、子どもたちの成長を支援する場であると実感できました。担任業務こそ、子どもたちを育てる実践だと思っていた時期もありました。

新しい物理授業で子どもたちが成長する

私は、子どもたちを「管理する」「教え込む」ではなく、「支援する」という感覚を得た後に、物理授業の大改革をやったことになります。授業時間の大半は子どもたちに任せます。その中でいろいろなことが起きました。

問題が解けなくて教えてくれる相手を見つけて立ち歩いている生徒が、「一人ぼっち席」でスラスラ問題を解いているD君を見つけました。「すげ、教えてくれよ」と頼み、「おーい、みんな、こいつすごいよ。全部解いてるよ」と言いふらします。次々に彼のところに教えてもらいに行きます。人と話せずに「一人ぼっち席」にいたD君は、いつの間にか頼られる存在になり、人に教えるようになり、自信を得ました。D君は国立大学の物理学科に進み、その後トップクラスの大学院に進学しました。今は最先端の研究者かもしれません。

また、E君は成績はよいけれど、少々乱暴。あるとき、彼のテーブルには誰もいなくなりました。「先生、誰もいねーよ。何とかしてよ」「うーん、席自由だからねぇ〜」と私は介入しません。2週間ほどして友だちが戻ってきたころ、E君が話に来ました。「先生、俺、反省したよ。乱暴だったんだな〜、俺は。みんながいなくなってから、あちこちに聞いてわかったよ」。

私があれこれ言わなくても、この授業の仕組みなら、子どもたちは物理の点数を上げるだけでなく、人間として成長することもできると自信を持ちました。雑務だと感じていた担任業務でしたが、カウンセリング等のスキルを駆使できるようになったことが、私の物理授業改善を支えていると痛感しています。

第4節　担任指導で鍛える教科授業のスキル

1 スキルが軽視されている授業改善

スキルが軽視されている

　研修会講師として各地を回り多くの先生たちにお会いしていると、教科書の内容ごとに「どんな授業をつくるか？」に多くの方が振り回されていることに気がつきます。「どういう単元がアクティブラーニングに向いていますか？」「私の科目はアクティブラーニングに向いていない気がします」「私の学校の学力レベルではアクティブラーニングは無理です」などの質問や意見はそのためだと思います。

　その結果が、毎回、単元ごとに膨大な労力を投じて多様な教材づくりに苦労することになっているようです。私が物理のすべての単元で「同じパターンの授業」を続けていたことが信じられないと言われてしまいます。

　この違いは、私は「学びのプロセスに重点を置いて授業をデザインしている」のに対して、多くの先生たちは「(学びのプロセスはあまり意識しないで)教える内容に重点を置いて教材をつくる」からだと感じています。この"プロセスを整える"という考え方やスキルが知られていないのが問題だと思います。

　さらに授業を見学していて感じるのは、グループワークになったとたんに授業者が「素人同然」に見えることです。どこにいて、何を見て、どう働きかけるのか…、そんな意図も計画性もなく、うろうろしているか、気が向いたグループにとどまって子どもたちとおしゃべりしている授業者が多いと感じます。

　これらの理由は、子どもたちに「主体的・対話的で深い学び」を促進するための、「一般的なスキル」が理解されていないということです。「技・技術・スキル」という観点がほとんどないと言わざるを得ないと感じています。

武道家の視点からは技（スキル）づくりこそ大事

　私は、空手家として長年活動してきました。選手としてもトップクラスの強さを誇り、指導者としても常勝チームを育成していました。そこで重視していたのは、根性や情熱や才能ではなく、ただ単に「技（スキル）」を身につ

け磨き上げる練習」を繰り返す"仕組み"をつくることでした。

　ある程度の歴史と体系化が進んだ武道の世界では「技の多きを誇るなかれ」の戒めがあります。見かけ上無限ともいえる技の使い方があっても、その根本はごくわずかの基本技でしかありません。宮本武蔵はこのことを「剣の極意はついに振りかぶって振り下ろすのみ」と『五輪書』の中で表現しています。あるいは「奥義は基本にあり」も、この世界ではよく知られた言葉です。

　武道の世界のみならず、今では大半のスポーツの世界でも「技づくり」が重視され、根性論・情熱論は陰りを見せています。逆に言えば、「技のない世界」では根性論・素質論・運命論に終始すると言える気がします。

　授業改善も同様です。教科科目・校種・学力レベルを超えた「新しい学びを実現するスキル（技）」が必要です。それがあれば、素質や人格に関係なく、誰でも質の高い授業を実践できることになります。

　これまでの授業で授業者に求められていたのは、「広範な知識」「立て板に水のごとき話術」「上手な板書技術」などの「教え方のスキル」でした。今求められているのは、子どもたちが「主体的・対話的で深い学び」に向かうように「授業をデザインし、短時間で教材をつくるスキル」「ワーク中に上手に支援するスキル」などです。教え込んだり、怒鳴ったり、叱ったりしないで、子どもたちが自ら互いに協働しながら学びに向かうようにするスキルです。

そのトレーニングに担任活動は最適

　これらのスキルを身につけるのに、私は担任業務が最適だと考えています。その理由は、「教える内容があまりない（何を教えるかにとらわれないですむ）」「毎日のように繰り返してトレーニングできる場がある」「教科科目、学年、校種による違いはあまりない」などです。

　むろん、ここで高圧的・暴力的指導は論外です。安全安心の場をつくり、子どもたちの「対話を促進」し、「深い学びが起きるような振り返り」の仕組みをつくれば、子どもたちは「主体的に学び」始めます。

　これを担任の仕事として、生徒指導・教育相談・キャリア教育、さらには服装頭髪指導・遅刻防止指導などのあらゆる場面でできることになります。私は教員になってから、新しい授業にチャレンジするまでの19年間、管理職も経験せず、内地留学もなく、教育委員会等に異動することもなく、ひたすら担任として仕事を繰り返してきました。それが新しい授業を開発・実践する"力"になりました。

　ということは、多くの担任の先生たちは、新しい授業を開発・実践するために最適の場にいる、ということです。担任の仕事が授業改善の"力"を育成する…。まさに最高のＯＪＴ（オン・ザ・ジョブ・トレーニング）なのです。

2 ワークシートは スキル伝達のツール

担任の仕事を教えてもらうことはめったにない？

　もう30年も前、初めて担任になったとたんに、クラスの生徒2人が学校に煙草を持ってきて家庭謹慎になりました。家庭謹慎中には、担任が家庭訪問をすることになっています。そんなことをやったことがない私は、当時50歳前後の学年主任に「どうやればよいのか教えてください」と頼みに行きました。

　教員経験約30年の主任はびっくり。

　「えっ、家庭訪問の仕方を教えてくれ？　今までそんな依頼を受けたことも、見たことも聞いたこともないぜ」との返事。

　「えっ、じゃ、みんなはどうやっているのですか？」

　「さあ？　俺も他人の家庭訪問を見たことないしなあ。みんなそれぞれにやっているんじゃないの？」

　私はびっくり。先生たちはお互いにどんな家庭訪問をやっているかを知らない？　自分のやり方が正しいかどうかも知らない？　「そんなことでいいわけがない！」と思いました。

　そこで私は「2人もいるから」と、で学年主任に家庭訪問を付き合ってもらうことにしました。しかも…、「1人目は主任がやってくださいよ。私、後ろで見学しますから。2人目はそれをまねして私がやります。帰り道でアドバイスしてくださいよ」と無茶ぶり。親切な学年主任は、「そんなこと初めてだよ。まあいいか。一緒に行こう」と受け入れてくれました。

　この体験はとても貴重でした。悪さをした生徒のところに行くのだから、きっと怖い顔して生徒にも母親にもお説教すると思い込んでいました。しかし、学年主任の実践は、実に礼儀正しく温かい家庭訪問でした。身構えていた生徒も保護者も意表を突かれ、反省と感謝。2人目はそれを私がまねして終了。

　「どうでしたか？」「初めてとは思えない家庭訪問だね。お見事お見事」と、学年主任がほめてくれました。今思えば、まさに「多面的・包括的アプローチ」そのものでした。

　こんな体験ができた私は幸せでした。しかし、大半の先生たちは、担任活

動をどうすればよいかの指導を受けたことはないと思います。教室でやっている指導を見学することも困難です。やむなくほとんどの担任が「自分なりに」実践することになります。

　先ほど、授業改善のスキルを身につけるのに「担任活動は最適」と書きましたが、独りよがり、自分勝手、行き当たりばったりの実践では、何年やってもレベルアップしないものです。ではどうすればよいか。ここに「ワークシートを用いたグループワーク」の利点があるのです。

ワークシートでスキルを伝達

　私が作成して紹介しているワークシートは「ただのメモ用紙」ではなく、教育相談・キャリア教育などの理論を活かし、新しい授業に役立つスキルを埋め込んでいます。

　技術論の世界では、世界の法則性を「認識するプロセス」を「科学」、その法則を用いて世界に「適用するプロセス」を「技術」と言います。その技術を物質化し、人間の労力を軽減し、働きを自動化する構造が、「道具・機械」ということができます。この観点に立ち、さまざまな理論に基づくスキルを埋め込んだ「道具」が私のワークシートです。

　これを使っていただくと、自動的に読者の皆さんは私が開発し実践してきたスキルを使うことになります。繰り返し使ううちに、そのスキルに習熟してきます。子どもたちの状況に応じて、その場の状態に応じて、臨機応変に変化させるスキルも身につきます。さらに、考え方も理解できます。

　新年度のクラス開きに始まって、教育相談的な場面、キャリア教育的な場面などさまざまな場面で使えます。そこに埋め込んで子どもたちに伝えようとしているメッセージは「多面的・包括的アプローチ」です。何度も「同じ形の練習を繰り返すこと」が「技（スキル）習得のプロセス」です。

　これらのワークシートの最大の利点は「準備が簡単」ということです。それゆえ、同僚にすすめるのも容易です。

　私はどこの現場にいるときも、このワークシートを同僚にシェアしていました。私が新しいワークシートをつくっていると、「今度は何をつくっているんですか？」と質問されます。内容を話すと「それはいい！　完成したら私にもください」と言われることもしばしば。使ったのちに効果や改善の意見ももらって、改良してきました。

　つまり、同僚同士での組織的な取り組みも進みやすいのです。どんなよいことでも、仕事量が増えることはためらいます。効果が上がって仕事量が減るなら、組織的に取り組みやすくなります。授業改善も同じことです。

③ 担任活動は楽しくて、子どもと教師が成長するプロセス

担任活動を楽しめる

　私は担任になると、4月の最初のホームルームが楽しみで仕方がありませんでした。「座席表づくり＆担任自己紹介」を実施できるからです。遅刻常習生徒がクラスにいると、「いつ、あのワークシートを紹介しようかな」とワクワクしました。「進路に迷っているんですけど、相談に行っていいですか？」と言われると、「どのワークシートが適切かな？　一応、3種類用意しておこう」と準備して、生徒が来るのを楽しみにしていました。

　もちろん、教師になりたてのころにはそんな余裕はありませんでした。常に泥縄式の指導に明け暮れました。成功失敗に一喜一憂しました。「こんなことより、ゆっくり物理授業の研究をしたい…」と思い続けていました。カウンセリングやキャリア教育の理論やスキルを学び、それらを意識的に使えるようになったことと、それらをワークシートに埋め込むスキルも向上してからは、担任活動を楽しめるようになりました。

　さらに物理授業を大きくつくり変えてからは、担任としての活動は物理授業の腕を上げるためのトレーニングになると感じるようになりました。

　例えば、「質問で介入する」を担任としてクラスでも使うようになりました。朝と帰りの膨大な連絡事項に、私も生徒も飽きていました。私が大声で説明しても生徒は聞いていません。忘れ物も続出します。そこで、物理授業と似た方法をとりました。連絡事項は朝の打ち合わせを聞きながら、A4判1枚に書き出し、コピーを2～3枚用意して教室に行きます。それを、朝のショート・ホームルームの前に黒板や掲示板に貼り出します。「連絡事項はあそことここに貼りました。見ておいてください」で終了です。

　帰りのショート・ホームルームでは、質問だけです。

　「○○君、明日締め切りの提出物は何？」

　○○君は焦ります。「えっ、何？」「ほら、これだよ」「ここに書いてあるでしょ」「俺の手帳見せてあげるよ」と、子どもたち同士の「対話的な学び」が沸き起こります。教室のあちこちでこれが起きます。

　○○君が「先生、わかった～！　遠足の承諾書です」と言うころには、全員が理解しています。

オンラインでつながりましょう

　本書で紹介したワークシートの全部のデータを、ほんの森出版のホームページの本書の紹介コーナーから提供します。ご自由にダウンロードして、必要なアレンジをしてお使いください。オンラインサイトには、本文では収録しきれなかったワークシートや使い方の補足などもアップしていくつもりです。

　皆さんが、ダウンロードして使ってみた結果や、アレンジしたワークシートもオンラインで共有できるようにしたいと思っています。そうすれば、もっと多くのワークシートを皆さんで使えるようになります。ぜひぜひ、積極的にご利用ください。

　また、「使ってみたけど、うまくいかない」ということもあると思います。それに関する質問も、できるだけお受けしていこうと思います。

　例えば、コンセンサスゲーム「月世界で遭難」については、これまでにも何人もの皆さんから質問がありました。おおむね、「やってみたけど、小林さんが書いているように〈大半の子どもが『個人の結論よりグループの結論が正確に近かった』〉とはならない」という質問でした。これらの質問は私には不思議だったので、メール交換を続けたり、時には電話で話したりしながら、原因を探っていきました。その結果、ファシリテーションの進め方を少し変えるとうまくいくことがわかってきました。その主なポイントは「ワークシートをすばやく配付する」「時間制限をきちんとする」「各グループをこまめに観察して、必要なサポートをする」「無駄な説明をして時間を狂わせない」などでした。

　つまり、グループワークを中心とした教科授業を行うときに、これまで以上に必要になる「基本スキル」を徹底することでした。これは何人かの方が、積極的に質問してくれたおかげでした。このようなことはこれからも起きることだと思います。ぜひ、ご遠慮なく質問もしてください。

〈参考文献〉

　他の本に書いたことを繰り返し書くのはあまりよくないと思い、重複はできるだけ避けました。しかし、他の著作を読んでいただけるとよくわかることもたくさんあります。そのために、まず、私の著作の一部をガイドすることにします。

① 『アクティブラーニングを支えるカウンセリング24の基本スキル』小林昭文著／ほんの森出版、2016年
　70ページでも紹介しました。カウンセリング・教育相談の理論やスキルを紹介しながら、新しい授業に使える考え方やスキルをコンパクトに解説しました。カウンセリングの学習をしてきた方にはご自身が持っているスキルを使うと授業改善を比較的簡単にできそうだと感じていただけると思います。
　教育学部で学ぶ若い読者からは「カウンセリングの授業の試験対策は、これ1冊で十分でした」とのうれしいメールもいただきました。

② 『アクティブラーニング入門』小林昭文著／産業能率大学出版部、2015年
　アクティブラーニングについて私が書き始めることになった第一作です。『日本教育新聞』に連載したものをまとめたものなので、1つのテーマを4ページごとにまとめて読みやすくしています。ポケットに入れて持ち運べるサイズであることも好評です。

③ 『アクティブラーニング入門2』小林昭文著／産業能率大学出版部、2017年
　前掲書の続編です。新しい授業に必要なスキルに重点を置いて解説しました。特に「質問で介入する」スキルについては丁寧に理論的な解説もし、さらに動画を収録したDVDもつけています。実際の授業の中で、私がどんな声かけをしているかを見てもらう機会はめったにないので、この動画はよいヒントになると思います。

④ 『これならできる！　授業が変わるアクティブラーニング〈1〉―アクティブラーニングを知ろう』小林昭文編著／汐文社、2016年
⑤ 『これならできる！　授業が変わるアクティブラーニング〈2〉―新しい授業を体験しよう』小林昭文編著／汐文社、2016年
⑥ 『これならできる！　授業が変わるアクティブラーニング〈3〉―いろいろな授業の方法』小林昭文編著／汐文社、2017年
⑦ 『これならできる！　授業が変わるアクティブラーニング〈4〉―未来の生き方・学び方を考えよう』小林昭文編著／汐文社、2017年

④〜⑦の4冊は、いずれも「絵本」です。小学校高学年から中学生までが読めるように配慮していますが、高校生にも好評です。子ども向けとはいえ、授業改善の必要性を、人類学・歴史・社会学・経済学・キャリア教育の視点からわかりやすく解説しています。先生たちが新しい授業を始めるときに、子どもたちや保護者に説明するときのヒントになると思います。

　同時に、新しい授業が得意な子どもや苦手な子どもがいることにも言及し、それぞれのタイプの子どもたちが無理をせず、自分の得意を活かし、お互いに協力しながら学んでいくことの必要性も説明しています。

　さらに「伝統的な授業形式」を悪者にすることなく、その形式の授業の利点やそのような形式の授業にも対応できることの価値についても説明しました。このあたりは、先生たちの指導上の視点としても大事なことになると思います。

　ただし、大型本でかつ高価です。学校図書館等に配置していただけるとよいと思います。

⑧『人事評価はもういらない―成果主義人事の限界』松丘啓司著／ファーストプレス、2016年

　75ページでも紹介しましたが、この本はビジネス分野でベストセラーになりました。この中で、ＰＤＣＡに代わる方法として、アメリカのトップ企業では「コルブの経験学習モデル」を使っていると解説しています。ＰＤＣＡサイクルを用いて半年後、1年後に振り返るのではなく、「今、振り返ればよいのだ」と指摘しています。これを「リアルタイム・リフレクション」と呼んでいます。私の授業の中で行う「質問で介入」とまったく同じ発想です。

あとがき

現場で学ぶ授業改善のすすめ

　「アクティブラーニング」や「主体的・対話的で深い学びの実現」につながる書籍は100種類以上も出版されていると言われています。新聞・テレビでも頻繁に取り上げられ、授業改善をテーマにした学園ドラマも放送されました。教員を対象としたイベントも各地で繰り広げられ、講演、授業体験、調査研究報告、パネルディスカッション、そして懇親会も華やかに繰り広げられているようです。このあたりの情報だけを見ていると、授業改善はものすごい勢いで拡大・浸透しているように見えます。

　しかし、年間100回前後のペースで現場に行き、研修会前後に現場の先生たちと交流していると、そうとも言えないことを私は感じます。「まだ何も始めていない」「何をやってよいかわからない」という声もあれば、本文で取り上げたように「成績が下がった」「教科書が終わらない」「準備が大変」「子どもたちや保護者から文句が出た」などで「やめました」の声も聞きます。

　そんな中で私が気になり始めたのは、「学校の外に研修に行かないと、よい授業はできない」と思っている人が案外多いということです。私はそうは思っていません。現場で学ぶ、仲間とともに学ぶ、仕事そのものから学ぶ（ＯＪＴ）ことのほうがメリットは大きいと感じています。

　その理由は、①時間とお金が節約できる、②現場を離れないから仲間・子ども・保護者から信頼される、③仲間の授業は同じ学校の子ども相手だから効果的な方法はすぐに使える、④仲間の授業なら「普段の授業」を見学できる、⑤仲間や自分の授業に対して校内の子どもたちからフィードバックを得ることができる、⑥現場の仲間とやれば相談したりデータを共有したりすることがすぐにできる、などです。

　私が自分の授業改善を始めた10年前には、イベントはほとんどありませんでした。講師依頼は少しありましたが、自習を出すと進度が遅れるのでほとんどお断りしていました。その代わり、私の授業の見学はいつでもＯＫにしていました。そして、授業研究委員会を中心とした仲間との学びだけで、自分たちの授業のレベルアップは十分に実現できていました。

　働き方改革が叫ばれている時期でもあります。日常業務を減らしながら授業改善するには、業務そのものをトレーニングにするという考え方も必要です。この本で紹介したワークシートは担任業務の負担を軽くし、効果を上げ、さらに教科授業の腕を磨くことができます。

　私は本書でも、高校の教員だったときに同僚にワークシートをシェアしていたとき

と同じ気持ちで、皆さんにシェアしています。お気軽にお使いください。役に立つと感じたら隣の席のお仲間にも、シェアしてください。現場で学びながら、無理をしないで授業改善を続けていきましょう。ご意見ご質問、大歓迎です。私のホームページの「お問い合わせ」からどうぞ。

私の担任、橋本素子先生へのお礼

　この本は、私の高校２年生のときの担任だった橋本素子先生へのお礼の気持ちを込めて書きました。私は北海道帯広市の道立高校に入学したのですが、２年生になるときに父親の転勤により、道立札幌南高校に転校しました。入学後の私の成績から考えると、この編入試験合格は一家転住がゆえの「お情け合格」だったのだと思います。

　北海道トップの高校に２年生から転校した私は、不安で仕方がありませんでした。２年６組に入ることになりお会いした担任の先生は、当時26歳の女性の先生。教員として３年目の先生でした。その橋本先生の最初のお話を、50年たった今でも鮮明に覚えています。

　橋本先生は、「私は担任と言ってもあまり経験もないので、偉そうなことを言うことはできません。ただ、これだけを私の信条としてやっていきたいと思います」と言いながら、板書された言葉は「共に喜び、共に悲しむ」でした。そして、本当に私たちと一緒に喜び、怒り、悲しみ、泣く先生でした。48人のうち女子は11名。大多数のやんちゃな男子は「素子さん、素子さん」と友達のように呼びかけ、授業はサボる、悪さはする…の毎日でした。精神年齢が上の女子たちに「あんたたちがバカなことをするから、また素子さんが泣いているじゃない！」とよく叱られていました。

　高校卒業後に父親は再び転勤、私は埼玉大学に進学。同窓会にも行かず、橋本先生ともクラスメートとも音信不通になっていました。50年近くを経た2017年になって、ひょんなことから私が札幌に行く日に合わせて橋本先生や２年６組の仲間と会い、ミニ同窓会を開きました。その次の機会には橋本先生のご自宅に遊びに行き、一緒に高校にも遊びに行きました。

　この再会で気づいたのは、私の「担任像の原点」は橋本先生だったということです。「共に喜び、共に悲しむ」は、まさに「対等な人間として生徒と接する」ということです。50年ぶりに再会した旧友が「小林、卒業できたんだ?!」と言うほど、成績はほぼ最下位だった私ですが、先生は私をバカにすることなく丁寧に接してくれました。橋本先生の在職期間はわずか数年間。その時期に巡り合えたことは幸運でした。

　橋本先生、おかげさまで、何とか私は生きています。私は橋本先生のような温かく優しい担任にはついになれませんでしたから、これからは橋本先生のような担任が増えることを願い、この本を書きました。遅ればせながら、50年前に先生の手をわずらわせた「落ちこぼれ生徒」からのお礼です。いつまでもお元気でお過ごしください。

2018年5月　　　　　　　　　　　　　　　　　　　　　　　　　　　小林　昭文

〈著者紹介〉

小林 昭文（こばやし あきふみ）
産業能率大学経営学部教授

　埼玉大学理工学部物理学科卒業。空手のプロを経て埼玉県公立高校教諭として25年間勤務し、2013年3月に定年退職。高校教諭時代には、カウンセリング、コーチング、アクションラーニング（質問会議）、メンタリングなどを学び、教育相談、キャリア教育、授業改善などに力を注ぐ。特にそれらを応用し、高校物理の授業をアクティブラーニング型授業にして成果を上げる。

　現在は、産業能率大学経営学部教授、河合塾教育研究開発機構研究員などの立場で、実践や研究、講演、執筆活動を精力的に行っている。ご質問や講師依頼は、小林のホームページ（http://al-and-al.co.jp/）の「お問い合わせ」からどうぞ。

【主な著書】
『記述式 心の処方せん』（共著）二見書房、2002年
『担任ができるコミュニケーション教育』ほんの森出版、2004年
『アクティブラーニング入門』産業能率大学出版部、2015年
『現場ですぐに使えるアクティブラーニング実践』（共著）産業能率大学出版部、2015年
『今日から始めるアクティブラーニング』（共著）学事出版、2015年
『いまからはじめるアクティブラーニング導入＆実践BOOK』学陽書房、2016年
『7つの習慣×アクティブラーニング』産業能率大学出版部、2016年
『図解 アクティブラーニングがよくわかる本』（監修）講談社、2016年
『これならできる！授業が変わるアクティブラーニング』1～4（編著）汐文社、2016～2017年
『図解 実践！アクティブラーニングができる本』（監修）講談社、2017年
『アクティブラーニング入門2〔DVD付〕』産業能率大学出版部、2017年

本書のワークシート配布サービスをご利用ください

本書に掲載されているワークシートは、ほんの森出版のホームページの本書の紹介コーナーからダウンロードしてご利用いただけます。

http://www.honnomori.co.jp/

［ほんの森出版］［検索］

ワード・一太郎・PDFの三種類のファイル形式でダウンロードできます。また、本書に収録できなかった情報も随時追加していきます。

＊本書のワークシートはコピーして配付してくださったり、アレンジしてご利用くださって結構です。ただし、商用利用や他の出版物に転載する場合などは、ほんの森出版にご連絡ください。

すぐ使える！ ワークシートでコミュニケーション教育
「主体的・対話的で深い学び」の基盤をつくる

2018年7月10日　第1版　発行

著　者　小林昭文
発行者　小林敏史
発行所　ほんの森出版株式会社
〒145-0062　東京都大田区北千束 3-16-11
Tel 03-5754-3346　Fax 03-5918-8146
http://www.honnomori.co.jp

印刷・製本所　研友社印刷株式会社

©Akifumi Kobayashi　2018　Printed in Japan　ISBN978-4-86614-107-7 C3037